O TRIBUNAL PENAL INTERNACIONAL
E A GUERRA RUSSO-UCRANIANA

Editora Appris Ltda.
1.ª Edição - Copyright© 2023 do autor
Direitos de Edição Reservados à Editora Appris Ltda.

Nenhuma parte desta obra poderá ser utilizada indevidamente, sem estar de acordo com a Lei nº 9.610/98. Se incorreções forem encontradas, serão de exclusiva responsabilidade de seus organizadores. Foi realizado o Depósito Legal na Fundação Biblioteca Nacional, de acordo com as Leis nos 10.994, de 14/12/2004, e 12.192, de 14/01/2010.

Catalogação na Fonte
Elaborado por: Josefina A. S. Guedes
Bibliotecária CRB 9/870

C335t
2023
	Casaro, Marco Antonio
	   O Tribunal Penal Internacional e a guerra russo-ucraniana / Marco Antonio Casaro. – 1 ed. – Curitiba : Appris, 2023.
	   138 p. ; 21 cm. – (Direito e Constituição).
	
	   Inclui referências.
	   ISBN 978-65-250-5255-7
	
	   1. Direito penal internacional. 2. Tribunais penais internacionais. 3. Crimes de guerra. 4. Direitos Humanos. 5. Rússia – História. 6. Ucrânia – História. I. Título. II. Série.
	
	                                            CDD – 345.0235

Livro de acordo com a normalização técnica da ABNT

Appris
editora

Editora e Livraria Appris Ltda.
Av. Manoel Ribas, 2265 – Mercês
Curitiba/PR – CEP: 80810-002
Tel. (41) 3156 - 4731
www.editoraappris.com.br

Printed in Brazil
Impresso no Brasil

Marco Antonio Casaro

O TRIBUNAL PENAL INTERNACIONAL E A GUERRA RUSSO-UCRANIANA

FICHA TÉCNICA

EDITORIAL	Augusto V. de A. Coelho
	Sara C. de Andrade Coelho
COMITÊ EDITORIAL	Marli Caetano
	Andréa Barbosa Gouveia - UFPR
	Edmeire C. Pereira - UFPR
	Iraneide da Silva - UFC
	Jacques de Lima Ferreira - UP
SUPERVISOR DA PRODUÇÃO	Renata Cristina Lopes Miccelli
ASSESSORIA EDITORIAL	Nicolas da Silva Alves
REVISÃO	Bruna Fernanda Martins
PRODUÇÃO EDITORIAL	Sabrina Costa
DIAGRAMAÇÃO	Renata Cristina Lopes Miccelli
CAPA	Mateus Porfírio

COMITÊ CIENTÍFICO DA COLEÇÃO DIREITO E CONSTITUIÇÃO

DIREÇÃO CIENTÍFICA Antonio Evangelista de Souza Netto (PUC-SP)

CONSULTORES

- Ana Lúcia Porcionato (UNAERP)
- Arthur Mendes Lobo (UFPR)
- Augusto Passamani Bufulin (TJ/ES – UFES)
- Carlos Eduardo Pellegrini (PF - EPD/SP)
- Danielle Nogueira Mota Comar (USP)
- Domingos Thadeu Ribeiro da Fonseca (TJ/PR – EMAP)
- Elmer da Silva Marques (UNIOESTE)
- Georges Abboud (PUC/SP)
- Guilherme Vidal Vieira (EMPAP)
- Henrique Garbelini (FADISP)
- José Laurindo de Souza Netto (TJ/PR – UFPR)
- Larissa Pinho de Alencar Lima (UFRGS)
- Luiz Osório de Moraes Panza (Desembargador TJ/PR, professor doutor)
- Luiz Rodrigues Wambier (IDP/DF)
- Marcelo Quentin (UFPR)
- Mário Celegatto (TJ/PR – EMAP)
- Mário Luiz Ramidoff (UFPR)
- Maurício Baptistella Bunazar (USP)
- Maurício Dieter (USP)
- Ricardo Freitas Guimarães (PUC/SP)

Dedico a obra à minha mãe, Beatriz Borges Casaro, fonte de inspiração e sempre presente durante a empreitada acadêmica e profissional. À minha companheira, Camila, pelas incontáveis palavras de incentivo e, especialmente, à Prof.ª Dr.ª Eloisa de Sousa Arruda, responsável por aflorar o meu eterno ímpeto pela justiça penal internacional.

AGRADECIMENTOS

Agradeço, primordialmente, à minha mãe, Beatriz, e à minha futura esposa, Camila, que sempre estiveram ao meu lado e me incentivaram em todos os momentos necessários, enquanto confeccionava o presente livro.

Sou extremamente grato aos membros da família "Casaro" e "dos Reis". Por isso, reforço meu eterno agradecimento a meu irmão, Leonardo; meu tio, Renato; e minha avó, Raquel, *in memoriam*; ao meu saudoso avô, Alfredo; e ao meu bisavô, Sólon Borges dos Reis, por acreditarem, apoiarem e investirem na minha formação durante toda a minha vida acadêmica e profissional.

Sou muito grato à Prof.ª Dr.ª Eloisa de Sousa Arruda pelas inesquecíveis aulas ministradas durante o curso e pela transmissão dos seus amplos e vastos conhecimentos sobre o direito penal internacional, os diretos humanos e a justiça penal internacional.

Por fim, agradeço ao meu gato, Flap, pelo companheirismo e pela concessão de não se deitar no teclado durante o desenvolvimento da obra.

Encheram a terra de fronteiras, carregaram o céu de bandeiras, mas só há duas nações — a dos vivos e a dos mortos.

(Mia Couto)

APRESENTAÇÃO

A obra pondera acerca da responsabilidade penal dos governantes de países signatários e não signatários do Estatuto de Roma. Visa elucidar as motivações para a sua concepção, expondo a conjuntura histórica e os debates consagrados da comunidade internacional.

Logo após o início do conflito, em 24 de fevereiro de 2022, houve a instauração das investigações sobre a situação atual na Ucrânia.

Trata-se da segunda investigação instaurada em face dos russos, após a União Soviética, sendo certo que, anteriormente, foram inquiridos pelo conflito na Geórgia.

Para a correta apuração dos fatos, a Procuradoria foi provocada por 43 Estados-partes e por meio destes clarificou-se o estado calamitoso atentado pelo conflito entre os países fronteiriços.

Ressalta-se que não há a intenção de apontar um ou outro culpado, mas esclarecer a competência, estabelecer as balizas de atuação do tribunal e as penas, às quais estão sujeitos os supostos acusados pelo conflito.

Ademais, visa arrazoar as dificuldades porvindouras que a Corte poderá abarbar.

As denúncias protocoladas pelos Estados-partes eliminaram requisito essencial para o início das investigações, que deveriam passar pelo crivo da Câmara de Pré-Julgamento, algo sem precedente na história do Tribunal Penal Internacional.

SUMÁRIO

1
INTRODUÇÃO 17

2
ANTECEDENTES HISTÓRICOS 19
2.1 Genocídio Armênio, 1915 e 1916, o Tratado de Sèvres
e o Tratado de Lausanne 20
2.2 Primeira Guerra Mundial 21
2.3 Convenção para Prevenção e Punição do Terrorismo
de 1937 25
2.4 Segunda Guerra Mundial e o Acordo de Londres 26
   2.4.1 Tribunal Militar Internacional de Nuremberg 28
   2.4.2 Tribunal de Tóquio 30
2.5 Convenção para a Prevenção e Repressão ao Crime
de Genocídio 31
2.6 Programa de Ação de Viena 1993 32

3
O ESTATUTO DE ROMA 35
3.1 Estrutura organizacional do TPI 39
   3.1.1 A Presidência 39
   3.1.2 As Câmaras 40
      3.1.2.1 Câmaras de Pré-Julgamento 40
      3.1.2.2 Câmaras de Julgamento 41
      3.1.2.3 Câmaras de Apelação 43
   3.1.3 A Procuradoria 43
   3.1.4 A Secretaria 44
   3.1.5 Eleições 45

4
JURISDIÇÃO DO TPI 47
4.1 Crimes de genocídio 47
4.2 Crimes contra a humanidade 49
4.3 Crimes de guerra 51
4.4 Crimes de agressão 53
4.5 Competência do Tribunal Penal Internacional 56
4.6 Julgamentos e procedimentos do TPI 65
4.7 Penas aplicáveis 67
    4.7.1 Prisão perpétua e a Constituição da República Federativa do Brasil de 1988 69

5
CONFLITOS ENTRE RÚSSIA E UCRÂNIA DE 2014 A 2023 73
5.1 Contexto histórico da URSS 74
5.2 Anexação da Crimeia (2014) 76
5.3 Guerra em Donbass (2014 – atualmente) 79
5.4 Invasão da Federação russa ao território ucraniano em 2022 84
    5.4.1 As fases da guerra de 2022 a 2023 (atualmente) 86

6
A GUERRA RUSSO-UCRANIANA DE 2014 A 2023 91
6.1 Ucrânia e o movimento Euromaidan 91
6.2 Relatório preliminar ante as invasões russas 94
6.3 Conflito Armado Internacional de 2022 96

7
O TRIBUNAL PENAL INTERNACIONAL DIANTE DOS CRIMES DA GUERRA RUSSO-UCRANIANA 107

7.1 Mandados de prisão em desfavor do alto comando político russo 111

7.1.1 Mandado de prisão expedido pelo TPI em desfavor de Putin 112

7.1.2 Mandado de prisão expedido pelo TPI em desfavor de Maria Alekseyevna Lvova-Belova 115

7.1.2.1 Cumprimento dos mandados de prisão emitidos pelo TPI 116

7.2 Próximos Desafios para o TPI 116

CONCLUSÃO 121

REFERÊNCIAS 123

1

INTRODUÇÃO

Na data de 17 de julho de 1998 aprovou-se, de forma inédita, o Estatuto de Roma do Tribunal Penal Internacional, por meio da Conferência de Roma.

Atualmente sediado em Haia, Países Baixos, teve sua regulamentação instituída pelo Estatuto de Roma.

O marco inicial deu-se em 1.º de julho de 2002, aprovado por 120 votos favoráveis, 7 votos contrários e 21 abstenções.

Os números atualizados em 2018 dão conta que o Estatuto de Roma detém 123 Estados-partes. Dentre os 123 Estados-membros, 33 são da África, 19 da Ásia e do Pacífico, 18 do Leste Europeu, 28 são países da América Latina e Caribe e 25 do Oeste Europeu e outros Estados[1].

Sua principal finalidade é submeter a julgamento indivíduos acusados de crimes graves contra a paz e de crimes que coloquem em risco a sobrevivência humana, a segurança e o bem-estar da humanidade.

Acrescenta-se que o procurador do Tribunal Penal Internacional (TPI) discursou, em 22 de setembro de 2022, e ponderou acerca da conjuntura calamitosa na Ucrânia, perante o Conselho de Segurança da Organização das Nações Unidas (CSNU). Na mesma oportunidade, frisou que fará a lei ser cumprida, ao constatar graves violações ao Estatuto de Roma. Enfatizou, ainda, como extremamente crítica a situação vivenciada no Leste Europeu[2].

---

[1] **The States Parties to the Rome Statute**. International Criminal Court. Haia, s/d. Disponível em: https://asp.icc-cpi.int/states-parties. Acesso em: 3 fev. 2023.

[2] **Redouble efforts to end 'senseless' war in Ukraine, UN chief tells Foreign Ministers**. UN News. 22 set. 2022. Disponível em: https://news.un.org/en/story/2022/09/1127511. Acesso em: 3 fev. 2023.

Estados como o Reino Unido da Grã-Bretanha e Irlanda do Norte, República Federal da Alemanha, República Francesa, República da Polônia, Reino da Dinamarca, República Italiana e outros solicitaram a abertura das investigações pelo TPI. Posicionaram-se a favor do tribunal inaugurar as investigações do conflito, pelo suposto cometimento dos crimes de genocídio e de guerra, perpetrados, predominantemente, pela Federação Russa.

Em razão do exposto, em 2 de março de 2022, instaurou o procedimento investigatório, a fim de destrinchar as minúcias do prélio.

O Sr. Karim Khan asseverou[3] dispor de embasamentos razoáveis para crer que crimes na jurisdição do tribunal foram cometidos.

Ademais, identificou supostos crimes que seriam admissíveis, a contar da anexação da Península da Crimeia pela Federação Russa em 2014, abraçando todos os supostos crimes desde então.

---

[3] CAMPBELL, Josh. **Tribunal de Haia inicia investigação de crimes de guerra na Ucrânia**. CNN Brasil. 2 mar. 2022. Disponível em: https://www.cnnbrasil.com.br/internacional/tribunal-de-haia-inicia-investigacao-de-crimes-de-guerra-na-ucrania/. Acesso em: 3 fev. 2023.

2

ANTECEDENTES HISTÓRICOS

Segundo Flávia Piovesan e Daniela Ikawa[4]:

> A ideia de um Tribunal Penal Internacional não é recente. O primeiro tribunal internacional foi estabelecido provavelmente ainda em 1474, em Bergisch, Alemanha, para julgar Peter Von Hagenbach, por haver permitido que suas tropas estuprassem e matassem civis, saqueando suas propriedades[5] Séculos depois, na década de 1860, um dos fundadores do movimento da Cruz Vermelha, Gustav Mommie, propunha a elaboração de um Estatuto para um Tribunal Penal Internacional, sem, contudo, encontrar grande receptividade (PIOVESAN; IKAWA, [s.d.], p. 155).

Após inúmeros conflitos extremamente graves e lesivos aos direitos humanos, principalmente, nos séculos XIX e XX, ansiou-se, por meio da comunidade internacional, engenhar mecanismos de modo a coibir e trazer a julgamento os indivíduos responsáveis pelo cometimento desses crimes.

Até o término da Segunda Guerra Mundial, predominava, no plano internacional, o entendimento de que aqueles adiante das nações não deteriam nenhuma responsabilidade jurídica[6] pelos cri-

---

[4] PIOVESAN, Flávia; IKAWA, Daniela Ribeiro. **O Tribunal Penal Internacional e o Direito brasileiro**. São Paulo, s.d. Disponível em: https://www.corteidh.or.cr/tablas/r33247.pdf. Acesso em: 7 fev. 2023.

[5] BASSIOUNI, Cherif. **The Time has Come for an International Criminal Court**. Indiana International and Comparative Law Review. 1991. p. 1-2. Disponível em: https://journals.iupui.edu/index.php/iiclr/article/view/17370/17496. Acesso em: 7 fev. 2023.

[6] LEWANDOWSKI, Enrique Ricardo. O Tribunal Penal Internacional: de uma cultura da impunidade para uma cultura de responsabilidade. **Estudos avançados**, São Paulo, maio/ago. 2002. Disponível em: http://www.dhnet.org.br/dados/cartilhas/dh/tpi/cartilha_tpi.htm#A%20PENA%20DE%20PRISÃO. Acesso em: 7 fev. 2023.

mes de genocídio, crimes de guerra e pelas afrontas aos direitos de outros indivíduos e/ou grupos étnicos, eventualmente, perpetrados.

Por isso, não havia nenhum mecanismo que procurasse refrear as práticas criminosas, assim como não existia nenhum meio inquisitório para colocar os responsáveis no banco dos réus.

2.1 Genocídio Armênio, 1915 e 1916, o Tratado de Sèvres e o Tratado de Lausanne

A primeira tentativa para formação de um Tribunal Penal Internacional surgiu motivada pelas transgressões às leis e aos costumes internacionais.

Ocorreu com a proposta da Comissão para a Responsabilização dos Autores da Guerra e para a Execução de Penas por Violações às Leis e Costumes de Guerra (*Commission on the Responsibility of The Authors of the War and on the Enforcement of Penalties for Violations of the Laws and Costums of War*).

Segundo Flavia Piovesan, o advento deu-se em 1919 e a comissão defendeu a gênese de um "tribunal superior", competente para julgar todos os indivíduos na forma, principalmente, de inimigos violadores das leis e dos costumes de guerra (PIOVESAN; IKAWA, [s.d.], p. 156).

Recomendou-se a atuação da Comissão, muito por conta da situação ocasionada na Turquia, entre 1915 e 1916[7], na qual mais de 600 mil armênios foram massacrados.

Por isso, a definição dos crimes contra a humanidade permaneceu reputada por todos.

Buscou-se, dessa forma, a responsabilização dos que estavam avante do Império Turco-Otomano, responsável pelos massacres perpetrados contra os armênios.

Contudo e ironicamente, não foi o que ocorreu.

---

[7] SUNY, Ronald Grigor. **Armenian Genocide – Turkish-Armenian history**. Encyclopedia Britanica, 29 ago. 2022. Disponível em: https://www.britanica.com/event/Armenian-Genocide. Acesso em: 7 fev. 2023.

Em que pese o empenho de alguns países, os oficiais turcos acabaram anistiados em 1927, por meio do Tratado de Lausanne.

A coalizão concedeu o perdão aos turcos e contou com o relevante apoio dos Estados Unidos da América, sob o argumento da inexistência de crime positivado anterior às execuções impetradas pelo Império Turco-Otomano (BASSIOUNI, 1991, p. 2).

Consequentemente, o Tratado de Sèvres (1923), que serviu de sustentáculo para as possíveis incriminações, nunca foi ratificado, e sucedeu-se pelo Tratado de Lausanne (1927), responsável pela outorga da anistia geral aos executores de crimes humanitários, advindos da Turquia Otomana (BASSIOUNI, 1991, p. 2).

2.2 Primeira Guerra Mundial

A segunda tentativa de mudança ocorreu com os desastrosos resultados do Tratado de Paz de Versalhes, após a Primeira Guerra Mundial (1919).

Na ocasião, convencionou-se, por meio dos países signatários — sem a participação de Alemanha e Rússia —, a culpabilidade exclusiva da Alemanha pelo conflito. A esse país impuseram ferrenhas indenizações, por conta dos danos causados à França e ao Reino Unido, que buscavam uma revanche política[8].

O Tratado de Versalhes previu o advento de um tribunal *ad hoc*, com o fim de julgar o Kaiser Wilhem II e os combatentes alemães acusados de crimes de guerra.

Contudo, Wilhem II zarpou à Holanda que, por sua vez, nunca consentiu em entregá-lo para julgamento (PIOVESAN; IKAWA, [s.d.], p. 156).

Ressalte-se que lutaram na Primeira Guerra Mundial: a Tríplice Entente — Reino Unido, França, Rússia e Itália — e as

---

[8] COSTA, Claudia. Tratado de Versalhes marcou nova fase do capitalismo, diz professor. **Jornal da USP**, 26 jun. 2019. Disponível em: https://jornal.usp.br/cultura/tratado-de-versalhes-marcou-nova--fase-do-capitalismo-diz-professor/#:~:text=Apenas%20em%20outubro%20de%202010,imposta%20 pelo%20Tratado%20de%20Versalhes. Acesso em 6 fev. 2023.

Potências Centrais — Império Alemão, Império Otomano e Império Austro-Húngaro[9].

Apesar do armistício convencionado em novembro de 1918, o Tratado de Versalhes só foi ratificado em junho de 1919, devido à resistência alemã.

Realça-se que o Tratado de Versalhes é parte de um conjunto de tratados, sendo o mais notório.

Não obstante, houve outros tratados celebrados com as nações derrotadas, por meio dos quais impuseram estorvos para a recuperação dos efeitos da Primeira Guerra Mundial e, consequentemente, atrasaram a recuperação das nações derrotadas.

O início do acordo ocorreu por meio da Conferência de Paz de Paris, em 18 de janeiro de 1919.

A conferência contou com a participação de 25 países e os mais influentes eram: Estados Unidos, Reino Unido, França e Itália.

Ademais, é notória a busca de desforra pela França, que exigiu sua aceitação no mesmo local onde os franceses firmaram o tratado que pôs fim àquele conflito: o salão de Espelhos do Palácio de Versalhes, uma clara afronta à Alemanha, que, por si só, não se demonstraria como suficiente.

O revanchismo francês ficou ainda mais manifesto, por meio do artigo 231[10], do Tratado de Paz de Versalhes. O referido dispositivo declarou a Alemanha como única responsável por causar a guerra, apesar da derrota e inúmeros danos ocasionados naquele país.

Portanto, não houve efetiva contribuição para a paz na Europa, *vide* a Segunda Guerra Mundial, em 1939, apenas 20 anos depois da celebração do Tratado.

Assim, concluiu-se que todos os prejuízos foram causados unicamente pela Alemanha, por iniciar as hostilidades.

---

[9] SILVA, Daniel. **TRATADO DE VERSALHES**. Mundo Educação. Disponível em: https://mundoeducacao.uol.com.br/historiageral/tratado-versalhes.htm#:~:text=O%20artigo%20231%20declarava%20que,que%20deu%20in%C3%ADcio%20às%20hostilidades. Acesso em: 6 fev. 2023.

[10] FRANÇA. **Tratado de Versalhes. Versalhes**. 1919. p. 64. Disponível em: http://www.planalto.gov.br/ccivil_03/decreto/1910-1929/anexo/And13990-1920.pdf. Acesso em: 7 fev. 2023.

Destaca-se que o tratado foi constituído por 440 artigos, divididos em cinco capítulos: O Pacto da Sociedade das Nações; Cláusulas de Segurança; Cláusulas Territoriais; Cláusulas Financeiras e Econômicas; e Cláusulas Diversas.

As principais determinações foram: a região da Alsácia-Lorena seria restituída à França; a Sonderjutlândia à Dinamarca; regiões da Prússia, como Posen, Soldau, Vármia e Masúria, seriam incorporadas à Polônia; Hlučínsko à Checoslováquia; Eupen e Malmedy à Bélgica; e a província do Sarre seria administrada pela Liga das Nações por 15 anos[11].

Outras medidas relevantes à época são: a proibição da Alemanha de possuir uma marinha, força aérea, artilharia pesada, promover o recrutamento militar e estruturar um exército com mais de 100 mil soldados.

Por fim, a Renânia, localizada na fronteira entre a Alemanha, Bélgica e França, seria desmilitarizada permanentemente.

De mais a mais, houve diversas tentativas, do jornalismo e da ciência, de explicarem as crises da república e a suscetibilidade de muitos eleitores aos partidos extremistas na Alemanha.

Ainda, os alemães presenciaram a queda do seu império, substituído, inesperadamente, pelo regime republicano — conhecido como República de Weimar.

A República de Weimar sofreu inúmeras críticas, mediante a Constituição do Reich de Weimar, por falhar em se provar na prática (VAN DIJK, 2018).

Não é por acaso que as críticas abrangentes remetem às tentativas de descreditar a Assembleia Nacional de Frankfurt e sua Constituição de 1849 (VAN DIJK, 2018).

Acrescenta-se que a Constituição do Reich de Weimar foi convencionada por políticos inexperientes — que não possuíam

---

[11] **TREATY OF PEACE WITH GERMANY (TREATY OF VERSAILLES)**. Paris, 10 jan. 1920. P. 59/60. Disponível em: https://www.census.gov/history/pdf/treaty_of_versailles-112018.pdf. Acesso em: 25 mar. 2023.

tato com o regime republicano — e ainda influenciados pelos ideais e princípios do Império Alemão[12].

Por meio do caos constitucional vivenciado na Alemanha à época, impuseram, os países vencedores, indenizações exorbitantes pelos danos causados pela guerra, quitadas, tão somente, em 2010[13].

As cobranças dessas indenizações geraram imensa controvérsia, porquanto é evidente que nem os vencedores conseguiriam mensurar o verdadeiro impacto econômico causado pela guerra. Calcular os custos indenizáveis do conflito, ajustadamente, não é crível e não há preço capaz de pagar por toda a destruição e mortes causadas pelos confrontos.

As dificuldades impostas geraram efeitos muito negativos para os germânicos, provados por meio da forte crise econômica, que perdurou até 1930, apta a desencadear hiperinflação e fortalecer o autoritarismo (VAN DIJK, 2018).

A instabilidade do cenário jurídico interno favoreceu o advento do Partido Nazista[14] e da Segunda Guerra Mundial.

O Tratado de Versalhes demonstrou, dessa forma, a incapacidade de manter a paz quando grandes corporações e países imperialistas batalham pelo mercado mundial.

Esse tratado não conseguiu estabelecer a paz, indicando que a era de guerras e revoluções, predominante no século XX, continuará (COSTA, 2019).

Dessa forma, fica límpido que havia uma necessidade urgente da criação de um órgão jurisdicional, que pudesse ser aderido voluntaria-

---

[12] VAN DIJK, Ziko. **Weimar: die unverstehbare Republik**. L.I.S.A. WISSENSCHAFTPORTAL GERDA HENKEL STIFTUNG. 9 nov. 2018. Disponível em: https://lisa.gerda-henkel-stiftung.de/weimar_die_unverstehbare_republik?nav_id=7980. Acesso em: 6 fev. 2023.

[13] COSTA, Claudia. Tratado de Versalhes marcou nova fase do capitalismo, diz professor. **Jornal da USP**, 26 jun. 2019. Disponível em: https://jornal.usp.br/cultura/tratado-de-versalhes-marcou-nova--fase-do-capitalismo-diz-professor/#:~:text=Apenas%20em%20outubro%20de%202010,imposta%20pelo%20Tratado%20de%20Versalhes. Acesso em: 6 fev. 2023.

[14] SILVA, Daniel. **Tratado de Versalhes**. Mundo Educação. Disponível em: https://mundoeducacao.uol.com.br/historiageral/tratado-versalhes.htm#:~:text=O%20artigo%20231%20declarava%20que,que%20deu%20in%C3%ADcio%20%C3%A0s%20hostilidades.. Acesso em: 6 fev. 2023.

mente, responsabilizasse os governantes pelas atrocidades cometidas e desvinculasse a apetência de punir a nação.

2.3 Convenção para Prevenção e Punição do Terrorismo de 1937

A terceira investida para o advento de um Tribunal Penal Internacional ocorreu em 1937[15], por meio da Liga das Nações, e a intenção era promulgar a Convenção contra o Terrorismo (*Convention for the Prevention and Punishment of Terrorism*, 1935[16]).

O protocolo dessa convenção continha um Estatuto para um tribunal internacional, mas, apesar dos esforços, somente a Índia ratificou e o estatuto nunca produziu efeitos jurídicos.

Desde então, o mundo tem sido assolado por todo tipo de terror e violência, capazes de produzirem aglomerados de vítimas.

Como consequência, diversas convenções internacionais foram ratificadas, mas nenhuma contínua uma disposição clara e estrutural para estabelecer um tribunal penal internacional organizado, como fez a Convenção de 1937 (BASSIOUNI, 1991, p. 1).

Ademais, a ausência de precedente, na era pós-Primeira Guerra Mundial, enfraqueceu a legalidade do processo.

Ainda mais grave foi a carência de julgamentos de militares dos países vencedores, como destacará o subcapítulo a seguir.

---

[15] BASSIOUNI, Cherif. The Time Has Come for an International Criminal Court. **Indiana International and Comparative Law Review**, v. 1, p. 5. 1991. Disponível em: https://journals.iupui.edu/index.php/iiclr/issue/view/774/150. Acesso em: 7 fev. 2023.
[16] SUÍÇA. **CONVENTION FOR THE PREVENTION AND PUNISHMENT OF TERRORISM**. Library of Congress. Genebra, 16 nov. 1937. Disponível em: https://www.loc.gov/resource/gdcwdl.wdl_11579/?sp=1&r=-0.012,0.528,1.408,0.82,0. Acesso em: 8 fev. 2023.

2.4 Segunda Guerra Mundial e o Acordo de Londres[17]

De início, destaca-se que a Segunda Guerra Mundial ocorreu entre 1939 e 1945, envolvendo operações e confrontos entre 72 países. Caracterizou-se como o maior conflito do século XX, apto a produzir o maior número de vítimas na história.

A estimativa de óbitos é de 27 milhões de soldados e 25 milhões de civis, dentre estes 6 milhões de judeus[18].

Em 8 de agosto de 1945, os Aliados (Estados Unidos da América, Inglaterra, União das Repúblicas Socialistas Soviéticas e França) criaram mais dois tribunais visando julgar, exclusivamente, os principais adversários do Eixo (Alemanha, Itália e Japão), responsáveis pelos crimes de guerra: o Tribunal de Nuremberg e o Tribunal de Tóquio.

A Segunda Guerra Mundial começou 20 anos após a celebração do Tratado de Versalhes e escancarou o fracasso das negociações pela paz, ainda que esse não fosse o verdadeiro intuito da convenção.

Por meio do Acordo de Londres[19], firmado pelo Reino Unido, Estados Unidos da América, França e União das Repúblicas Socialistas Soviéticas, originou-se o Tribunal Militar Internacional de Nuremberg (TMI)[20].

O TMI tinha como objetivo investigar e julgar os responsáveis pelos crimes cometidos durante a Segunda Guerra Mundial. Ocorreu, por meio da individualização das suas condutas, ou como membros das organizações que agiam consoante o interesse dos países do "Eixo

---

[17] Também conhecido por Tribunal de Nuremberg, uma vez que as sessões de julgamento foram realizadas na referida cidade alemã, conforme Art. 22 do Acordo de Londres.

[18] **Os países do Eixo e Aliados na Segunda Guerra Mundial.** EAD PUCPR. 5 set. 2022. Disponível em: https://ead.pucpr.br/blog/eixo-e-aliados. Acesso em: 7 fev. 2023.

[19] **LONDON AGREEMENT OF 8 AUGUST 1945.** Londres, 8 ago. 1945. Disponível em: https://www.sahistory.org.za/sites/default/files/file%20uploads%20/London%20Agreement%20by%20United%20Nations%2C%208%20August%201945.pdf. Acesso em: 6 fev. 2023.

[20] DELFINO, Leonardo; SILVA, Marco Antonio Marques da. O Tribunal Penal Internacional: Composição, competência e conflitos aparentes com disposições constantes na Constituição brasileira. **Revista Científica Multidisciplinar Núcleo do Conhecimento**, ano 5, ed. 8, v. 8, p. 40-53, ago. 2020. Disponível em: https://www.nucleodoconhecimento.com.br/lei/tribunal-penal, DOI: 10.32749/nucleodoconhecimento.com.br/lei/tribunal-penal. Acesso em: 6 fev. 2023.

Europeu" (apoiadores do governo nazista, que cometeram crimes de conspiração, contra a paz, de guerra e contra a humanidade).

Portanto, determinou-se como um tribunal *ad hoc*, instituído pelos países vencedores após a Segunda Guerra Mundial, e seu principal foco era o julgamento dos combatentes provenientes dos países derrotados (DELFINO; DA SILVA, 2020).

Contudo, não se observou, mais uma vez, os princípios consagrados no direito internacional e já sedimentados na esmagadora maioria das nações do Ocidente.

A forma e o objetivo do acordo revelam violações alumiadas aos principais sistemas jurídicos ocidentais e aos seus princípios fundamentais.

Como exemplos, traz-se à baila o princípio do juiz natural, não considerado, por tratarem de tribunais de exceção, e o princípio da imparcialidade dos juízes, vez que os magistrados foram indicados pelos países vencedores, e somente por estes.

Ressalta-se a clara transgressão ao princípio da legalidade, porquanto os tipos penais foram moldados após as condutas.

Não se observou o princípio do contraditório e ampla defesa, porquanto as regras processuais foram criadas de modo favorável à acusação, a quem, exclusivamente, era facultada a apresentação de declarações juramentadas de testemunhas.

Do mesmo modo, inexistia a possibilidade de recursos das decisões, e não era facultada a desconstituição da coisa julgada (*non bis in idem*)[21]. Acrescenta-se a impossibilidade de arguição, pela defesa, de impedimento ou suspeição dos julgadores[22].

---

[21] MAIA, Renan de Marco D'Andrea. A estrada para Roma: **A evolução do Direito Internacional Penal**. Ribeirão Preto: Editora Altai, 2018. p. 4-190. Disponível em: https://www.academia.edu/37109044/A_Estrada_para_Roma_A_Evolu%C3%A7%C3%A3o_do_Direito_Internacional_Penal. Acesso em: 6 fev. 2023.

[22] RAMOS, André de Carvalho. **Processo internacional de direitos humanos**. 6. ed. São Paulo: Saraiva Educação, 2019. p. 298. Disponível em: https://edisciplinas.usp.br/pluginfile.php/527912/mod_resource/content/1/CARVALHO%20RAMOS%2C%20Andr%C3%A9.%20Processo%20Internacional%20dos%20Direitos%20Humanos..pdf.. Acesso em: 6 fev. 2023.

Por isso, apesar de ter influenciado a criação do TPI, é possível observar claras transgressões aos princípios processuais que, mais uma vez, não foram colocados em prática pelo direito penal internacional.

Houve um evidente enviesamento na criação do TMI, erro que já ocorrera, conforme o pós-guerra em 1919, levando às repetições de conflitos violentos e mortíferos.

2.4.1 Tribunal Militar Internacional de Nuremberg

O Tribunal Militar Internacional de Nuremberg sentenciou 12 réus à morte por enforcamento, três à prisão perpétua, quatro ao cumprimento de penas privativas de liberdade (de 10 a 20 anos) e três absolvições[23].

Evidenciaram-se as gritantes falhas processuais pelas quais os réus foram submetidos, colocando em xeque a lisura do devido processo legal, no âmbito dos direitos humanos e do direito internacional[24].

No mais, a ausência de um precedente efetivo, após a Primeira Guerra Mundial, enfraqueceu a legalidade do procedimento.

Ainda pior, fixe-se, foi a ausência de investigação e punição contra militares das forças aliadas por crimes de guerra. Este e os procedimentos subsequentes foram maculados pela "vingança do vencedor", embora a legitimidade da acusação desses ofensores tenha, de longe, superado as fraquezas legais do procedimento adotado à época (BASSIOUNI, 1991, p. 5).

Ao estabelecer a Carta de Nuremberg, após a Segunda Guerra Mundial, a Conferência de Londres optou, pela primeira vez na história, por tipificar os atos de agressão.

Até então, não havia uma definição de "crimes de agressão".

Conforme o artigo 6.º, da Carta do Tribunal de Nuremberg, o tribunal detinha poderes para julgar pessoas agindo nos interes-

---

[23] VERDICTS. **Memorium nürnberger prozesse museen der stadt nürnberg**. Disponível em: https://museums.nuernberg.de/memorium-nuremberg-trials/the-nuremberg-trials/the-international-military-tribunal/verdicts. Acesso em: 4 mar. 2023.

[24] *Ibidem;* DELFINO; DA SILVA, 2020.

ses de países. O artigo 2.º, da Lei n.º 10, do Conselho de Controle, em complemento a Carta, estabeleceu os atos de agressão quando cometidos contra outros Estados.

Como quase todos os casos de crime de agressão resultam no cometimento de outros crimes internacionais, deu-se um *status* de "crime internacional supremo, que se difere de outros crimes de guerra enquanto contém em si o mal acumulado do todo"[25].

Em 1946, a Assembleia Geral das Nações Unidas aceitou os princípios jurídicos estabelecidos na Carta de Nuremberg e os julgamentos efetuados pela Corte. Consentiu que estes[26] servirão de base para a codificação do direito internacional.

Apesar dos inúmeros vícios, o TMI deixou um grande legado, por caracterizar-se como o primeiro tribunal internacional a julgar e condenar os responsáveis pelos crimes de agressão, tipificados como "crimes contra a paz" (*Verdicts. Memorium nürnberger prozesse museen der stadt nürnberg*).

Importante destacar que a Alemanha assumiu a árdua tarefa de processar os suspeitos encontrados no seu território.

Outros países da Europa, anteriormente ocupados, incumbiram-se de processar os alemães e os seus próprios nacionais acusados de colaboraram com os invasores (BASSIOUNI, 1991, p. 5).

O Estado de Israel criou uma lei conhecida como *Nazis and Nazi Collaborators*[27], a qual foi responsável por trazer a julgamento dois indivíduos de alta patente e culpabilidade: Eichmann (condenado em 1961 e encontrado em Buenos Aires, Argentina) e Demjanjuk (condenado em 1989) (BASSIOUNI, 1991, p. 5).

---

[25] MONAGENG, Sanji Mmasenono. The Crime of Aggression: Following the Needs of a Changing World? **Harvard International Law Journal**. Disponível em: https://harvardilj.org/2017/04/the-crime-of-aggression-following-the-needs-of-a-changing-world/#_ftn7. Acesso em: 5 mar. 2023.
[26] FERENCZ, Benjamin Berell. International Criminal Courts: The Legacy of Nuremberg. **Pace International**, v. 10, jun. 1998. Disponível em: https://digitalcommons.pace.edu/cgi/viewcontent.cgi?referer=&httpsredir=1&article=1260&context=pilr. Acesso em: 5 mar. 2023.
[27] **Basic Laws of Israel:** Nazis and Nazi Collaborators (Punishment) Law. 1950. Disponível em: https://www.jewishvirtuallibrary.org/nazis-and-nazi-collaborators-punishment-law-1950. Acesso em: 8 fev. 2023.

2.4.2 Tribunal de Tóquio

Em 19 de janeiro de 1946, criou-se o Tribunal Militar para o Extremo Oriente (*International Military Tribunal for the Far East*).

O Tribunal de Nuremberg inspirou o julgamento do alto comando político e militar japonês pelos supostos crimes de guerra, crimes contra a paz e crimes contra a humanidade, incluindo os atos de agressão.

Acrescenta-se que os juízes foram indicados pelas nações vencedoras.

Compuseram o tribunal 11 juízes de países aliados, excluindo-se os julgadores do Japão e dos Estados que mantiveram-se neutros durante a guerra[28].

As nações representadas pelos juízes eram Austrália, Canadá, França, Grã-Bretanha, Holanda, União Soviética (URSS), Estados Unidos (EUA) e Nova Zelândia. Havia, somente, três asiáticos indicados, representando China, Filipinas e Índia.

O Tribunal de Tóquio, ressalta-se, aproximou-se de uma suposta imparcialidade, por conta da composição diversificada (PIOVESAN; IKAWA, [s.d.]), pautada na geografia equitativa.

Apesar das inúmeras excepcionalidades e transgressões principiológicas provocadas por tratados e acordos que visavam à paz, houve uma significativa alteração na perspectiva dos países ocidentais. A partir da segunda metade do século XX, passaram a defender e proteger os direitos humanos, culminando, posteriormente, na criação do Tribunal Penal Internacional.

Entre 1946 e 1948, o tribunal julgou 28 líderes japoneses, contudo, complexas questões sobre a legitimidade da Corte surgiam, enquanto os processos tramitavam, fato que levantou questionamentos dos próprios juízes, como RadhabinodPal, da Índia.

---

[28] MUNIZ XAVIER, M. M.; DEL PINO, M. O TRIBUNAL DE TÓQUIO E A IMPUTAÇÃO DE CRIMES EX-POST FACTO NO DIREITO INTERNACIONAL. *In*: **Anais** [...] Congresso Brasileiro De Processo Coletivo E Cidadania, 8, p. 655-668, 2020. Disponível em: https://revistas.unaerp.br/cbpcc/article/view/2198. Acesso em: 8 fev. 2023.

O magistrado questionou se as forças aliadas também seriam submetidas a julgamento, pelos bombardeios de napalm e fósforo branco contra Tóquio e Yokohama, ensejando na morte de mais de cem mil civis.

Segundo Pal, o tribunal representava, mais uma vez, uma mera forma de vingança dos vencedores, ao desprezar princípios basilares do direito penal internacional (MUNIZ XAVIER; DEL PIERO, 2020, p. 656).

O Estatuto de Roma visa pôr fim aos tribunais de exceção, em questões de direito penal internacional, sendo considerado um verdadeiro paraíso e protetor do devido processo legal e dos direitos humanos, uma vez que as sucessivas transgressões de tribunais ad hoc não eram mais suportadas (DELFINO; DA SILVA, 2020).

2.5 Convenção para a Prevenção e Repressão ao Crime de Genocídio

Em 8 de dezembro de 1948, alguns países adotaram a Convenção para a Prevenção e Repressão ao Crime de Genocídio, responsável por caracterizar o genocídio como um crime contra a ordem internacional.

Por isso, os esforços para acarrear o Tribunal Penal Internacional, foram, de uma vez por todas, iniciados (PIOVESAN; IKAWA, [s.d.], p. 158).

Colaciona-se a seguir o artigo 6.º da referida Convenção:

> [...] as pessoas acusadas de genocídio serão julgadas pelos tribunais competentes do Estado em cujo território foi o ato cometido ou pela corte penal internacional competente com relação às Partes Contratantes que lhe tiverem reconhecido a jurisdição.

Pois bem, o crime de genocídio alcançou seu ápice durante a Segunda Guerra Mundial, com o extermínio de seis milhões de judeus.

Por esse motivo, houve uma mudança significativa na política externa dos países. Buscou-se coibir o cometimento desse crime, por isso, estendeu-se o tipo penal do genocídio a religiões, raças e etnias diversificadas, a fim de preservar as intuições nacionais de todos os Estados que, em sua maioria, não tinham recursos suficientes para perscrutar os autores.

Ressalta-se que o crime de genocídio, quando cometido, pode colapsar as instituições internas nacionais, fato que asseguraria a impunidade dos seus perpetradores.

Enquanto negociavam a arquitetação de um Tribunal Penal Internacional, o mundo testemunhou as estarrecedoras imagens dos conflitos da antiga Iugoslávia e Ruanda e, em resposta aos acontecimentos, o CSNU estabeleceu um tribunal *ad hoc* para cada uma das situações.

Esses eventos, indubitavelmente, incentivaram o advento de um tribunal permanente, que ocorreu por meio do Estatuto de Roma de 1998[29].

Segundo Flávia Piovesan e Daniela Ikawa, a criação desses tribunais *ad hoc* demonstra a viabilidade da criação de uma corte internacional, responsável por julgar as graves violações de direitos humanos, em uma época marcada por graves conflitos étnicos e culturais (PIOVESAN; IKAWA, [s.d.], p. 185).

2.6 Programa de Ação de Viena 1993

Por meio da Conferência Mundial sobre os Direitos Humanos, confeccionou-se a Declaração e Programa de Ação de Viena, em 1993[30].

A declaração, considerando a promoção e proteção dos direitos humanos, visou solidificar a observância aos direitos humanos de forma justa e equilibrada.

---

[29] **Understanding the International Criminal Court**. Haia: International Criminal Court, 2020. Disponível em: https://www.icc-cpi.int/sites/default/files/Publications/understanding-the-icc.pdf. Acesso em: 8 fev. 2023.

[30] ÁUSTRIA. **Declaração e Programa de Ação de Viena**. Viena, 1993. Disponível em: https://www.onumulheres.org.br/wp-content/uploads/2013/03/declaracao_viena.pdf. Acesso em: 8 fev. 2023.

No seu § 92 (Declaração e Programa de Ação de Viena) sugere-se que se examine a possibilidade de melhorar a aplicação de instrumentos de direitos humanos, existentes em níveis internacionais e regionais.

Da mesma forma, encorajou a Comissão de Direito Internacional a continuar seus trabalhos, visando ao estabelecimento do tribunal penal internacional.

Ressalta-se que essa medida tornou-se menos espinhosa, porquanto o término da Guerra Fria em 1992 e a consequente queda do muro de Berlim.

Portanto, a ideia e os princípios basilares referentes ao TPI estavam definidos, faltando, apenas, a iniciativa dos Estados em aplicá-los, visto que identificaram os erros anteriormente cometidos e fez-se a devida reflexão, a fim de consolidar seu advento.

3

O ESTATUTO DE ROMA

O Estatuto de Roma foi aprovado em 17 de julho de 1998.

A Conferência de Roma, da qual 160 países participaram, foi apta a instituir o Tribunal Penal Internacional, mirando julgar os indivíduos acusados de cometerem crimes contra a humanidade, crimes de genocídio, crimes de guerra e crimes de agressão. Apresenta uma forma independente e complementar, às justiças dos Estados-partes, sem violar a sua soberania[31].

Dos 160 países, 120 ratificaram o Estatuto, portanto todas as regiões foram representadas, como África, Ásia, Leste Europeu, América Latina e Caribe, assim como países do Oeste Europeu e América do Norte.

Pela primeira vez na história, os Estados decidiram aceitar a jurisdição de uma Corte permanente para acusação dos autores de crimes mais graves cometidos nos seus territórios ou pelos seus nacionais, após a entrada em ratificação do Estatuto de Roma em 1 de julho de 2002.

Imperioso ressaltar que o TPI não é um substituto dos tribunais nacionais e, consoante ao referido estatuto, é dever de cada Estado exercer a sua jurisdição sobre os responsáveis pelos crimes internacionais.

A Conferência foi apta a estabelecer, entre outras coisas, os crimes abrangidos pela jurisdição do TPI, as regras de procedimentos e os mecanismos para os Estados cooperarem com o tribunal.

---

[31] **Understanding the International Criminal Court**. Haia: International Criminal Court, 2020. Disponível em: https://www.icc-cpi.int/sites/default/files/Publications/understanding-the-icc.pdf. Acesso em: 8 fev. 2023.

Os países que aceitaram as regras são representados pela Assembleia dos Estados Partes, que acontece, ao menos, uma vez a cada ano. A Assembleia estabelece as políticas para a administração do tribunal e revisa as suas atividades. Durante essas reuniões anuais, analisam as atividades dos grupos de trabalho criados e quaisquer outras questões relevantes para o TPI, discutem novos projetos e aprovam (ou não) o seu orçamento anual (*Understanding the International Criminal Court*, 2020).

Suas principais características são: o caráter permanente — eliminando os tribunais de exceção, que sofreram severas críticas por, justamente, terem sido criados em momento posterior aos crimes cometidos, exemplifica-se por meio do Tribunal de Nuremberg.

As outras particularidades da Corte são: a independência; a vinculação à ONU (pelo CSNU, não é parte da ONU); e a complementariedade em relação às jurisdições dos Estados[32], ou seja, só serão enquadradas à sua jurisdição as hipóteses em que os resultados oferecidos pelo sistema persecutório dos Estados-partes não restarem suficientes e/ou forem inexistentes.

Logo no preâmbulo do Estatuto de Roma, há disposição que os crimes mais graves são objeto de preocupação pela comunidade internacional e não devem ficar impunes. A sua persecução efetiva deve ser assegurada pela tomada de medidas ao nível nacional e pelo reforço da cooperação internacional[33].

Destaca-se, ainda, que o objetivo é acabar com a impunidade dos autores desses crimes e, dessa forma, contribuir para a prevenção desses graves delitos (*Rome Statute*, 1998).

Recorda-se, ainda, o dever de cada Estado de exercer a sua jurisdição penal sobre os responsáveis por crimes internacionais.

---

[32] ARRUDA, Eloisa de Sousa e TORRES, Tiago Caruso. A porta estreita do Tribunal Penal Internacional. **Estadão**, São Paulo, 30 jul. 2020. Disponível em: https://www.estadao.com.br/politica/blog-do-fausto-macedo/a-porta-estreita-do-tribunal-penal-internacional/. Acesso em: 7 fev. 2023.

[33] **Rome Statute of the International Criminal Court**. United Nations. Haia, 17 jul. 1998, v. 2187, n. 38544. Disponível em: https://www.icc-cpi.int/sites/default/files/RS-Eng.pdf. Acesso em: 7 fev. 2023.

Conta com um sistema de complementariedade, que obriga os Estados-membros a fortificarem seu sistema jurídico, adicionando, em suas respectivas legislações internas, a implementação das normas do Estatuto (*Rome Statute*, 1998).

A vontade do TPI é atuar nos casos, ressalte-se, em que a resposta dada pelo Estado-parte não for suficiente, ou for nula. Por isso, é um sistema complementar. Haverá chances, conferidas aos Estados-partes, de julgarem os autores dos crimes.

Reforça, ainda, os Princípios da Carta das Nações Unidas[34] e, em particular, que todos os Estados devem abster-se da ameaça — ou uso da força — dispendida contra a integridade territorial de outro Estado; preza pela independência política dos países; e coíbe qualquer outra forma inconsistente com os propósitos das Nações Unidas (*Rome Statute*, 1998).

Ademais, compromete-se, para esses fins e em prol das gerações presentes e futuras, a estabelecer um Tribunal Penal Internacional permanente e independente, com jurisdição sobre os crimes objeto de alarde para a comunidade internacional.

Imperioso ressaltar que o TPI só poderá intervir quando um Estado é incapaz ou não quer, genuinamente, concretizar a investigação e o processamento dos autores dos crimes de genocídio, de guerra, o *apartheid*, a tortura e os crimes de agressão.

Em seu artigo 1.º, evidencia-se que o julgamento não se dará por um tribunal *ad hoc*, vez que o TPI detém caráter permanente, sendo perfeitamente ajustado às principais normas em vigor na maioria dos países. Outrora, tais constatações foram objeto de críticas pela comunidade internacional, devido à sua não observância.

O TPI, ainda, tem personalidade jurídica internacional e poderá exercer os seus poderes e funções no território de qualquer Estado-parte.

---

[34] **United Nations Charter, Chapter I**: Purposes and Principles. United Nations. São Francisco, 24 out. 1945. Disponível em: https://www.un.org/en/about-us/un-charter. Acesso em: 21 mar. 2023.

Se algum Estado não signatário desejar a atuação do TPI, deve depositar a declaração junto ao Secretário, expressando, inequivocadamente, sua vontade de atuação da Corte (artigo 4.º, *Rome Statute*, 1998). Por isso, excepcionalmente, o TPI poderá atuar nos casos envolvendo países não signatários do Estatuto de Roma.

Ademais, outra hipótese para a jurisdição do TPI ser autorizada será quando a situação ocasionada no país for remetida para debates no CSNU e for recomendada sua intervenção (artigo 13 [b], *Rome Statute*, 1998).

Além disso, como afirmou a ex-juíza do TPI[35] Sylvia Steiner, o tribunal é um sistema *sui generis*, pois as suas regras não se restringem a uma combinação balanceada de regras dos dois principais sistemas jurídicos ocidentais. Aduz, ainda, que os Tribunais *ad hoc*, em especial o ICTY (*International Criminal Tribunal for the former Yugoslavia*), reformaram, diversas vezes, suas normas de procedimento, até o ponto em que se tem, atualmente, um sistema procedimental muito similar ao da *common law*, com exceção do júri.

Com relação aos sistemas de provas, Dr.ª Sylvia Steiner (Tribunal Penal Internacional, Sylvia Steiner Responde, p. 6) destaca:

> Aplicamos, por exemplo, um sistema de comunicação de provas (disclosure) muito semelhante ao sistema anglo-saxão, mas a atuação das partes e dos juízes nos atos do procedimento segue mais o modelo acusatório que o modelo adversarial. Isso porque os juízes assim o estabeleceram em seus primeiros julgados. Os juízes têm uma atitude proativa e podem, inclusive, determinar a produção de provas, pois devem buscar a "verdade real", e não contentar-se apenas com as provas trazidas pelas partes. Isso não os impede de aplicar, ao final do caso, o padrão "beyond reasonable doubt" para a condenação [...].

---

[35] STEINER, Sylvia Helena de Figueiredo. **10 anos do Tribunal Penal Internacional Sylvia Steiner responde**. Marcos Zilli. Corte IDH, 2012. p. 25-37. Disponível em: https://www.corteidh.or.cr/tablas/r33220.pdf. Acesso em: 7 fev. 2023.

Ademais, nenhum indivíduo estará isento de acusação devido às suas funções, ou pelo cargo que ocupava à época do cometimento da conduta delituosa.

Em algumas circunstâncias, uma pessoa na posição de autoridade pode ser responsabilizada pelos crimes cometidos por aqueles que agiam sob o seu comando ou ordens.

Da mesma forma, não há que se falar em anistia. Não se permite argui-la como matéria de defesa perante o TPI e, como tal, não impede o tribunal de exercer sua jurisdição (*Understanding the International Criminal Court*, 2020, p. 14).

3.1 Estrutura organizacional do TPI

O TPI é composto por quatro órgãos: a Presidência, as Câmaras, o Gabinete do Procurador e a Secretaria.

As Câmaras são compostas por 18 juízes — de nacionalidades diferentes — eleitos pela Assembleia dos Estados-partes, a um mandato de nove anos, e não se permite a reeleição (artigo 36 [9], [a], *Rome Statute*, 1998).

Devem demonstrar, no ato da candidatura, vasto conhecimento e familiaridade com o direito penal e direito processual penal, ou em direito internacional, em especial direito internacional humanitário e direito internacional dos direitos humanos (artigo 36, [3], [b], [i], [ii] e [iii], *Rome Statute*, 1998).

Faculta-se, caso o juiz estiver atuando na Câmara de Julgamento ou Câmara de Apelação — cuja audiência está em andamento —, de estender o seu mandato, até a conclusão da análise do recurso ou julgamento (artigo 36 [10], *Rome Statute*, 1998).

3.1.1 A Presidência

A Presidência é composta por três juízes — o presidente e dois vice-presidentes — eleitos pela maioria absoluta dos 18 juízes do tribunal, para um mandato de três anos, permitida a reeleição uma única vez (*Understanding the International Criminal Court*, 2020, p. 17).

Responsabilizam-se pela organização do tribunal, com exceção da Procuradoria.

Detém a função de representar o tribunal perante a comunidade internacional e auxiliar na distribuição das turmas, para a composição das Câmaras (*Understanding the International Criminal Court*, 2020, p. 17).

A Presidência também é responsável pela execução de outras tarefas, tal como assegurar a execução das sentenças proferidas pelos juízes do tribunal.

3.1.2 As Câmaras

Os 18 juízes, incluindo os três da Presidência, serão designados para algumas das três Câmaras da Corte, quais sejam, a de Pré-Julgamento — composta ao menos de seis juízes –; a Divisão de Julgamento — composta por não menos de seis juízes –; e a Divisão de Apelação — composta por quatro juízes, mais o Presidente (artigo 39 [1], *Rome Statute*, 1998).

Podem ser distribuídos para atuar em uma ou mais Câmaras de Pré-Julgamento, ou em uma Câmara de Julgamento específica (artigo 39 [1], *Rome Statute*, 1998). Essas duas Câmaras só aceitarão, em sua composição, predominantemente, juízes habituados ao processo penal e direito penal (artigo 39 [1], *Rome Statute*, 1998).

As funções e responsabilidades dos magistrados são divididas entre as seguintes categorias: Pré-Julgamento, Julgamento e Apelação, conforme as qualificações e experiências individuais dos magistrados eleitos (artigo 39 [1], *Rome Statute*, 1998).

3.1.2.1 Câmaras de Pré-Julgamento

As Turmas das Câmaras de Pré-Julgamento são compostas por um a três juízes, e podem sofrer alterações, caso os volumes de trabalho sejam excessivos na Câmara de Julgamento, que, por sua vez, detém responsabilidade por todas as questões que surjam eventualmente antes do início da fase de julgamento (*Understanding The International Criminal Court*, 2020, p. 20).

Seu papel é, essencialmente, supervisionar o andamento das investigações e autorizar, ou não, a abertura das inquirições, caso o procurador requisitar (*Understanding the International Criminal Court*, 2020, p. 20).

Responsabiliza-se pela verificação dos trabalhos e pelo deslinde das atividades de investigação e acusação, a fim de garantir os direitos dos investigados, vítimas e testemunhas, durante a fase inicial de acusação. São responsáveis por assegurar, proeminentemente, o devido processo legal.

Frisa-se que devem autorizar, ou não, o início das investigações, caso o procurador encaminhe um pedido nesse sentido (artigo 15 [3], *Rome Statute*, 1998).

As referidas Câmaras decidem se devem, ou não, expedir mandados de prisão e determinarão as intimações dos acusados e das testemunhas para comparecerem em juízo, a pedido da Procuradoria.

Em sentido similar, informará aos acusados as condutas, as quais estão sendo processados e repassarão os direitos destes.

Da mesma forma, devem, ou não, confirmar a admissibilidade das acusações contra uma pessoa suspeita do cometimento de um crime, sob jurisdição do TPI. Também, podem decidir sobre a colheita de depoimentos das vítimas e testemunhas, durante a fase de pré-julgamento (*Understanding the International Criminal Court*, 2020, p. 21).

3.1.2.2 Câmaras de Julgamento

Uma vez emitido o mandado de prisão e as acusações admitidas pela Câmara de Pré-Julgamento, o(s) suposto(s) infrator(es) poderá(ão) ser julgado(s) e preso(s) preventivamente, com o intuito de evitar a revelia.

Importante destacar que a finalidade da prisão preventiva no Estatuto de Roma do Tribunal Penal Internacional é assegurar a presença do acusado durante o julgamento e garantir a correta apuração dos fatos e das provas.

Ademais, os autos deverão ser remetidos à Presidência para a formalização da Câmara de Julgamento, a ser composta, obrigatoriamente, por três juízes (*Understanding the International Criminal Court*, 2020, p. 20).

As turmas da Câmara de Julgamento podem ser ampliadas pelo presidente, em caráter provisório, que solicitará a realocação dos magistrados da Câmara de Pré-Julgamento para a Câmara de Julgamento *e vice-versa,* caso o volume das atividades do tribunal assim exija (artigo 39 [4], *Rome Statute*, 2020).

Apesar disso, não se permite a realocação de um juiz que tenha atuado no caso perante a Câmara de Pré-Julgamento, obrar, no mesmo processo, na Câmara de Julgamento (artigo 39 [4], *Rome Statute*, 2020).

A principal função dessa Câmara é assegurar um julgamento justo e célere. Além disso, devem garantir que as atividades sejam conduzidas com absoluta observância aos direitos do acusado, e com o devido acatamento das normas referentes à proteção das vítimas e às testemunhas. Decidirão, outrossim, sobre a participação das vítimas na fase de julgamento (*Understanding the International Criminal Court*, 2020, p. 20).

A Câmara de Julgamento determinará se o acusado é inocente ou culpado das acusações. Se culpado for, poderá ser imposta a pena de prisão, não superior a 30 anos e, em casos excepcionais, a prisão perpétua. Faculta-se a imposição de multas e perdas de bens, com o propósito de indenizar as vítimas (artigo 77 [1], [a] e [b], *Rome Statute*, 1998).

As sanções financeiras podem incluir multas e o confisco de bens[36]. Faculta-se, inclusive, a exigência de reparações financeiras às vítimas de crimes internacionais, bem como a imposição de multas ou confisco de bens aos sentenciados (artigo 77 [b], *Rome Statute*, 1998).

---

[36] **Rules of Procedure and Evidence**. 2. ed. Haia: International Criminal Court, 2013. Disponível em: https://www.icc-cpi.int/sites/default/files/RulesProcedureEvidenceEng.pdf. Acesso em: 16 mar. 2023.

3.1.2.3 Câmaras de Apelação

A Câmara de Apelação (ou Câmaras de Recurso) é composta pelo presidente do tribunal e outros quatro juízes.

Todas as partes no julgamento podem recorrer, inclusive, das decisões das Câmaras de Pré-Julgamento e de Julgamento (*Understanding the International Criminal Court*, 2020, p. 21).

A Câmara de Recursos pode manter, reverter ou alterar a decisão recorrida, incluindo, sentenças e decisões.

Permite-se, até mesmo, ordenar novo julgamento perante a Câmera de Julgamento diversa da primeira (*Understanding the International Criminal Court*, 2020, p. 21).

Por fim, possibilita-se recorrer parcialmente da sentença, ou de uma sentença condenatória na totalidade.

3.1.3 A Procuradoria

A Procuradoria é órgão independente do tribunal (*Understanding the International Criminal Court*, 2020, p. 21), sendo assim, não se submete aos mandos da Presidência e desfrutam de organização própria, que serão estipuladas, primordialmente, pelo(a) procurador(a).

É responsável por investigar e denunciar os indivíduos acusados de cometerem crimes da jurisdição da Corte.

O(a) procurador(a) é eleito(a) por meio da Assembleia dos Estados-partes do Estatuto de Roma, para um mandato de nove anos, e não se admite reeleição (artigo 42 [4], *Rome Statute*, 1998).

Sua composição compreende advogados, investigadores e analistas de várias nacionalidades que trabalham em estreita colaboração com outros órgãos do TPI, tais quais a Câmara de Pré-Julgamento e a Câmara de Julgamento. Mira garantir a coleta de provas e a responsabilização dos supostos autores desses crimes (*Understanding the International Criminal Court*, 2020, p. 21).

A sua principal função é receber, coletar e analisar as provas. Verificam, ainda, se as condutas enquadram-se à jurisdição do TPI, com o propósito de determinar se existe base razoável para iniciar uma investigação sobre crimes de genocídio, crimes contra a humanidade, crimes de guerra e/ou crimes de agressão, disponibilizando os autores desses crimes ao tribunal.

O Gabinete da Procuradoria possui três divisões: a Divisão de Investigação, a Divisão da Procuradoria e a Divisão de Jurisdição.

A Divisão da Procuradoria tem um papel essencial no processo de investigação, contudo sua principal responsabilidade é litigar os casos diante das várias Câmaras do tribunal (*Understanding the International Criminal Court*, 2020, p. 21).

A Divisão de Jurisdição, Complementariedade e Cooperação, com o apoio da Divisão de Investigação, avalia as denúncias recebidas e todas as situações submetidas ao tribunal. É responsável para determinar a admissibilidade dos supostos crimes e assegurar a cooperação com as Câmaras, a fim de cumprir com as funções discriminadas no Estatuto (*Understanding the International Criminal Court*, 2020, p. 21).

3.1.4 A Secretaria

A Secretaria subsidia o tribunal a conduzir julgamentos justos, imparciais e públicos. A função principal da Secretaria é prestar apoio administrativo e operacional às Câmaras e à Procuradoria (*Understanding the International Criminal Court*, 2020, p. 21).

Apoia, também, o desenvolvimento das atividades do secretário, em relação à defesa, às vítimas, à comunicação e às questões de segurança.

Também é responsável por assegurar que as demandas do tribunal sejam devidamente atendidas, desenvolvendo mecanismos eficazes de assistência às vítimas, testemunhas e defesa, a fim de salvaguardar seus direitos, nos termos expostos no Estatuto de Roma e do Regulamento de Processo e Evidência (*Understanding the International Criminal Court*, p. 21).

Como canal oficial de comunicação do tribunal, a Secretaria também é a principal responsável pelas informações públicas e atividades de divulgação do TPI.

3.1.5 Eleições

Os juízes têm que ser pessoas com alto caráter moral, imparcialidade e integridade. Precisam preencher os requisitos exigidos, nos seus respectivos Estados, para a nomeação aos mais altos cargos jurídicos. Todos devem ter ampla experiência de atuação no processo penal, direito penal e direitos humanos.

Os juízes são eleitos por meio da Assembleia dos Estados-partes e devem contar com relevante competência em direto e procedimento criminal e em áreas relevantes do direito internacional, como o direito humanitário internacional e procedimentos dos direitos humanos. Exige-se ampla experiência em questões específicas, tais como violência contra mulheres e crianças (artigo 36 [3], [a], [b] e [c], *Rome Statute*, 1998).

A eleição dos juízes obriga a considerar a necessidade de representação dos principais sistemas jurídicos do mundo, de forma igualitária — entre homens e mulheres —, e devem ser nomeados conforme a distribuição geograficamente equitativa (artigo 36 [8], [a], [i], [ii], [iii], *Rome Statute*, 1998).

Por derradeiro, os juízes garantem a isonomia dos processos e a administração adequada da justiça.

4

JURISDIÇÃO DO TPI

O Tribunal Penal Internacional possui jurisdição material sobre as seguintes condutas: i) crimes de genocídio (artigo 5 [a] e artigo 6, *Rome Statute*, 1998); ii) crimes contra a humanidade (artigo 5 [b] e artigo 7, *Rome Statute*, 1998); iii) crimes de guerra (artigo 5 [c] e artigo 8, *Rome Statute*, 1998); e iv) crimes de agressão (artigo 5 [d] e artigo 8*bis*, do Estat, 1998).

O artigo 25 (1), do Estatuto de Roma, estabelece que o TPI exercerá jurisdição em relação aos indivíduos (pessoas físicas), excluindo-se os Estados.

Trata-se de inovação colacionada pelo Estatuto, vez que os mandatários e os autores dos crimes supracitados terão rosto, perfil e ficarão submetidos às sanções penais previstas no ordenamento internacional.

4.1 Crimes de genocídio

No que tange aos crimes de genocídio, o Estatuto de Roma aproveitou a mesma definição da Convenção para a Prevenção e Repressão do Genocídio, adotada pelas Nações Unidas[37], em seu artigo 2.º, de 9 de dezembro de 1948.

O artigo 6.º, do Estatuto de Roma (*Rome Statute*, 1998), reverbera que entende-se como "genocídio" todos os atos praticados com o desígnio de destruir, no todo ou em parte, um grupo nacional, étnico, racial ou religioso, mediante o cometimento de homicídios contra seus membros, ofensas graves à integridade física ou mental, sujei-

---

[37] RIO DE JANEIRO. **Decreto Lei n.º 30.822, de 6 de maio de 1951.** Convenção para Prevenção e Crime de Genocídio. Paris, 1952. Disponível em: https://www.planalto.gov.br/ccivil_03/atos/decretos/1952/d30822.html. Acesso em: 14 fev. 2023.

ção intencional do grupo a condições de vida com vistas a provocar destruição física total ou parcial, imposição de medidas destinadas a impedir nascimentos no seio do grupo e, ainda, transferência, à força, de crianças de um grupo, para outro.

O artigo 6.º, do Estatuto de Roma (*Rome Statute*, 1998), determina:

> Art. 6.º: Para os efeitos do presente Estatuto, entende-se por "genocídio", qualquer um dos atos que a seguir se enumeram, praticado com intenção de destruir, no todo ou em parte, um grupo nacional, étnico, racial ou religioso, enquanto tal:
>
> a) Homicídio de membros do grupo;
>
> b) Ofensas graves à integridade física ou mental de membros do grupo;
>
> c) Sujeição intencional do grupo a condições de vida com vista a provocar a sua destruição física, total ou parcial;
>
> d) Imposição de medidas destinadas a impedir nascimentos no seio do grupo;
>
> e) Transferência, à força, de crianças do grupo para outro grupo.

Uma das principais dificuldades relacionadas com a interpretação do conceito de genocídio decorre da utilização generalizada do termo[38]. O conceito, por isso, foi estendido para se adaptar a uma grande variedade de cenários, dificultando que os autores desse tipo penal fiquem impunes.

Usualmente, o "genocídio" é utilizado para referenciar situações que envolvam o assassinato de várias vítimas (STIEL; STUCKENBERG, 2017, p. 60).

---

[38] STIEL, Michael; STUCKENBERG, Carl-Friedrich. **Commentary on the Law of the International Criminal Court**. Torkel Opsahl Academic EPublisher Bélgica. Mark Klamberg Ed., 2017. p. 60-61. Disponível em: https://www.legal-tools.org/doc/aa0e2b/pdf/. Acesso em: 13 fev. 2023.

Há evidências de que o conceito "comum" de genocídio influenciou nas jurisprudências dos tribunais e juízes.

Em Kayishema e Ruzindana, por exemplo, fixaram a impossibilidade do cometimento de genocídio, sem o envolvimento do Estado, dada a magnitude desse crime (STIEL; STUCKENBERG, 2017, p. 60).

Já na visão dos juízes do TIJ (Tribunal Internacional de Justiça) — responsáveis pelos julgamentos do conflito entre Croácia e Sérvia —, e consoante à interpretação literal do Estatuto de Roma, não se exige magnitude e, tampouco, o envolvimento do Estado, para o tipo penal ser exaurido.

Ademais, costumava-se diferenciar o genocídio dos crimes contra a humanidade, pois este estava limitado aos períodos de guerra. Com a ampliação do conceito de crimes contra a humanidade, que passou a considerar os períodos de paz, o genocídio passou a ser interpretado como espécie mais grave do crime contra a humanidade (PIOVESAN; IKAWA, [s.d.], p. 160).

Por isso, difere-se dos outros crimes, vez que exige o dolo específico, na parte em que "há intuito de destruir, total, ou parcialmente, um grupo nacional, étnico, racial ou religioso" (artigo 6.º, *caput*, Estatuto de Roma, 1998).

Conclui-se que a destruição, integrante do tipo penal, pode ser física e/ou cultural (PIOVESAN; IKAWA, [s.d.], p. 160).

4.2 Crimes contra a humanidade

Segundo Sylvia Helena Steiner[39]:

> Os crimes contra a humanidade vieram previstos, pela primeira vez, nos Estatutos do Tribunal de Nuremberg. Sua base histórica está na acima mencionada Clausula Martens, contida na Convenção

---

[39] STEINER, Sylvia Helena de Figueiredo. Tribunal Penal Internacional. **Enciclopédia Jurídica da PUC-SP.**, São Paulo, 2017. Disponível em: https://enciclopediajuridica.pucsp.br/verbete/515/edicao-1/tribunal-penal-internacional-. Acesso em: 13 fev. 2023.

da Haia de 1907, que estabeleceu a existência um conjunto de regras supra positivas derivadas das "leis da humanidade" e dos "ditames da consciência pública". Reconhecendo, no entanto, que tais normas seriam uma extensão do direito humanitário, e, portanto, aplicáveis somente em casos de conflitos armados, estabeleceu-se, na esteira da opinião do Juiz Jackson, a possibilidade de punição de crimes praticados por agentes de um Estado contra nacionais de seu próprio Estado- fora, portanto, do alcance do direito humanitário- na medida em que esses crimes fossem conexos com os crimes contra a paz e os crimes de guerra.

Previstos no artigo 7.º, do Estatuto de Roma, elenca as seguintes condutas: (a) assassinatos; (b) extermínio; (c) escravidão; (d) deportação ou transferência forçada de pessoas; (e) detenção ou qualquer outra forma de privação da liberdade em violação a normas fundamentais de direito internacional; (f) tortura; (g) estupro, escravidão sexual, prostituição forçada, gravidez forçada, esterilização forçada, ou qualquer outra forma de violência sexual de gravidade comparável; (h) perseguição contra qualquer grupo identificável ou coletividade com base em razões políticas, raciais, nacionais, étnicas, culturais, religiosas, de gênero ou outras bases que sejam internacionalmente reconhecidas como proibidas pelo direito internacional, com qualquer outro crime previsto no Estatuto; (i) desaparição forçada de pessoas; (j) o crime de *apartheid*; e (k) qualquer outro ato desumano de caráter similar, que cause, intencionalmente, grande sofrimento ou danos sérios, físicos ou mentais, ou à saúde.

Segundo o Estatuto, para a caracterização dos crimes contra a humanidade, exige-se que a conduta praticada pelo(a) autor(a) esteja num contexto. Esse contexto é descrito no artigo 7.º (1) (*Rome Statute*, 1998), qual seja:

> [...] por ataque dirigido contra a população civil entende-se o curso de uma conduta que envolva o cometimento de múltiplos atos referidos no artigo 7 (1) do Estatuto contra qualquer população civil, de

conformidade com ou em seguimento a uma política de Estado ou de uma organização para cometer esses atos [...].

Portanto, é possível interpretar que, atualmente, à luz do Estatuto de Roma, os crimes contra a humanidade apresentam-se como uma extensão de violações consagradas pelo direito de guerra, não sendo, necessariamente, provenientes de conflitos armados (STEINER, 2017).

Percebe-se que, apesar de não o fazerem de forma totalmente clara, os contornos do ataque à população civil não necessitam, para sua caracterização, da ocorrência de um ataque armado, basta que reúnam elementos aptos a indicarem a existência de um plano ou política, por um Estado ou organização, de cometimento desses atos (STEINER, 2017).

Com relação ao artigo 7.º (k), do Estatuto de Roma, considera-se, à luz dos precedentes dos tribunais *ad hoc*, que seria praticamente impossível descrever todas as condutas com gravidades análogas, aptas a caracterizarem o crime contra a humanidade, quando praticadas em um contexto de ataque generalizado, ou sistemático contra a população.

Por isso, adotou-se a categoria residual, vez que é impossível a enumeração exaustiva das condutas (STEINER, 2017). Caso adotassem a taxatividade, favoreceria a impunidade, e não seria possível, de fato, punir os perpetradores de crimes contra a humanidade, pois a satisfação do tipo penal seria mais abstrusa (STEINER, 2017).

4.3 Crimes de guerra

Os crimes de guerra estão previstos no artigo 8.º, do Estatuto de Roma, e incluem as graves violações das Convenções de Genebra de 1949 e da Convenção de Haia IV de 1907, protegendo os combatentes (Haia) e os não combatentes (Genebra) (PIOVESAN; IKAWA, [s.d.], p. 161). São as primeiras condutas codificadas pelo direito humanitário no século XIX (STEINER, 2017).

Abrangem violações das leis e dos costumes aplicáveis em conflitos armados internacionais e em conflitos regionais, aptos a se disseminarem, por um ou mais países, por um período longo e entre exércitos governamentais e grupos metódicos; ou entre esses grupos organizados (*Understanding the International Criminal Court*, 2020, p. 26).

Imperioso destacar que, conforme reverbera o artigo 8.º (2), (d) e (f), do Estatuto de Roma, as normas não se aplicarão aos distúrbios internos, tensões internas, atos de violência esporádicos e isolados (STEINER, 2017).

Em particular, o TPI somente exercerá sua jurisdição quando os crimes de guerra forem praticados como parte de um plano, ou política, de cometimento desses crimes em larga escala pelos autores (STEINER, 2017).

Apesar da inequívoca explanação da Excelentíssima Dr.ª Sylvia Steiner, não há um consenso doutrinário sobre a aplicabilidade dos crimes de guerra em distúrbios internos e atos isolados.

A Excelentíssima Professora Flávia Piovesan, por outro lado, entende que a jurisdição do TPI, com relação aos crimes de guerra, será estendida aos casos isolados e aos conflitos internos, pelo Estatuto de Roma não expressar nenhuma restrição quanto à magnitude das ofensas (PIOVESAN; IKAWA, [s.d.], p. 161). Complementa que o Estatuto prevê violações para as situações de conflitos internos e não somente aos internacionais (PIOVESAN; IKAWA, [s.d.], p. 161).

O artigo 8.º, do Estatuto de Roma, visa proteger as vítimas dos seguintes crimes: (i) homicídio doloso; (ii) tortura ou outros tratamentos desumanos, incluindo as experiências biológicas; (iii) ato de causar intencionalmente grande sofrimento ou ofensas graves à integridade física ou à saúde; (iv) destruição ou a apropriação de bens em larga escala, quando não justificadas por quaisquer necessidades militares e executadas de forma ilegal e arbitrária; (v) o ato de compelir um prisioneiro de guerra ou outra pessoa sob proteção a servir nas forças armadas de uma potência inimiga; (vi) privação intencional de um prisioneiro de guerra, ou de outra pessoa sob proteção do seu direto a um julgamento justo e imparcial; (vii) deportação ou transferências ilegais, ou a privação legal de liberdade; e (viii) tomada de reféns (*Rome Statute*, 1998).

Essas e outras condutas elencadas no artigo 8.º, do Estatuto de Roma, referem-se aos direitos de guerra.

Portanto, resta clara a evolução do Direito de Genebra e do Direito de Haia, incluindo os Protocolos Adicionais das Convenções de Genebra.

Também se caracterizam por tipos penais de caráter residual, na medida em que o Estatuto de Roma elenca uma série de condutas, pela influência do direito consuetudinário, como "as outras violações graves das leis e costumes aplicáveis aos conflitos armados que não têm caráter internacional no quadro do direito internacional".

Ressalta-se que todos as condutas dispostas no artigo 8.º, do Estatuto, devem ser cometidas num contexto, qual seja, como parte de um plano ou política de cometer tais crimes em larga escala, conforme disposto no *caput*. Caso contrário, não ensejarão na atuação do TPI.

Destaca-se, ainda, o caráter residual, ao buscar ampliar o seu conceito, não concedendo nenhuma margem às incriminações de outras condutas similares, caso não seja praticado no contexto exigido pelo *caput*, do artigo 8.º (STEINER, 2017).

Estabelece, ainda, a ciência dos autores das circunstâncias aptas a configurarem a existência de conflito armado, na conjuntura de um determinado conflito armado e/ou de associação ao conflito (STEINER, 2017).

4.4 Crimes de agressão

Está previsto no artigo 8.º *bis*, do Estatuto de Roma, contudo anteriormente era previsto no *rol* do artigo 5.º, fato que postergou sua tipificação e, consequentemente, frustrou a jurisdição imediata do TPI sobre essas condutas.

Foi aprovado por meio da Resolução/res.6, adotada pela Conferência de Revisão nos Anexos I (Emendas ao Estatuto de Roma do

Tribunal Penal Internacional sobre o Crime de Agressão), II (Emendas aos Elementos dos Crimes) e III (Entendimentos relacionados às Emendas ao Estatuto de Roma do Tribunal Penal Internacional sobre o crime de Agressão) (STEINER, 2017).

Em que pese as diversas negociações, o crime de agressão passou a ser julgado pelo TPI, somente, a partir de 17 de julho 2018[40].

Além disso, não houve adesão internacional relevante às emendas, contando, atualmente, com 44 ratificações[41]. O Brasil não ratificou as emendas até a presente data.

A definição dos "crimes de agressão" foi adotada pela Assembleia dos Estados-partes, durante a Conferência Revisional do Estatuto de Roma, em Kampala, Uganda, nas datas de 31 de maio e 11 de junho de 2010:

> Artigo 8 bis – Crime de Agressão
>
> 1. Para efeitos do presente Estatuto, uma pessoa comete "crime de agressão" quando, estando em condições de controlar ou dirigir efetivamente a ação política ou militar de um Estado, planeja, prepara, inicia ou realiza um ato de agressão, que, por suas características, gravidade e escala, constitui uma violação manifesta da Carta das Nações Unidas.
>
> 2. Para efeitos do parágrafo 1, por "ato de agressão" entender-se-á o uso da força armada por um Estado contra a soberania, integridade territorial ou independência política de outro Estado, ou qualquer outra forma incompatível com a Carta das Nações Unidas. Em conformidade com a Resolução 3314 (XXIX) da Assembleia Geral das Nações Unidas, de

---

[40] **Crime of Aggression.** Amendments Ratification. ASP information (International Criminal Court). 28 de fevereiro de 2019. Disponível em: https://asp.icc-cpi.int/crime-of-aggression. Acesso em: 4 mar. 2023.

[41] **Status of ratification and implementation.** The Global Campaign for Ratification and Implementation of The Kampala Amendments on The Crime of Aggression. 3 fev. 2022. Disponível em: https://crimeofaggression.info/the-role-of-states/status-of-ratification-and-implementation/#_ftn1. Acesso em: 3 mar. 2023.

14 de dezembro de 1974, qualquer dos seguintes atos, independentemente de que haja ou não declaração de guerra, caracterizar-se-á como ato de agressão: [...].

Tais crimes abrangem a invasão, a ocupação militar e a anexação de território que não lhe pertencia, por meio do uso da força e bloqueio dos portos ou costas.

Ademais, devem ser considerados, por seu caráter, gravidade e escala, uma clara violação à Carta das Nações Unidas.

O sujeito ativo do tipo é, invariavelmente, o indivíduo que está em posição hierárquica superior. Isto é, deve exercer, efetivamente, o controle, ou dirigir a ação militar de um Estado contra outro.

Ou seja, punem-se militares de alta patente e líderes das nações eleitos por civis, ou não. Basta que o(s) autor(es) esteja(m) em uma posição de comando e influência, além de demandar o cometimento da agressão contra outra nação (*Understanding the International Criminal Court*, 2020, p. 26).

A regulamentação posterior do tipo penal de agressão demonstra o anseio, da comunidade internacional, em conciliar nas várias instâncias, vez que continuaram as negociações para a constituição de novos tipos penais graves sob jurisdição do TPI, mesmo após a ratificação do Estatuto de Roma, em 2002.

Os Estados que não ratificaram as emendas de 2010 também não estarão sujeitos à jurisdição do Tribunal Penal Internacional, quando a agressão for abalroada por um nacional, ou no território desses países.

Na ausência de um encaminhamento ao CSNU, de um ato de agressão, o procurador pode iniciá-lo de ofício, ou a pedido de um Estado-parte.

Quando houver a suspeita do cometimento do crime de agressão, a Procuradoria deve consultar o CSNU, a fim de verificar se houve alguma deliberação nesse sentido (*Understanding the International Criminal Court*, 2020, p. 26).

Quando não houver, dentro de seis meses após a data de notificação da situação ao CSNU, o procurador, poderá prosseguir com a investigação, desde que a Divisão de Pré-julgamento tenha autorizado (*Understanding the International Criminal Court*, 2020, p. 26).

4.5 Competência do Tribunal Penal Internacional

Antes de aprofundar a questão da competência do TPI, insta explanar alguns aspectos.

Com a ratificação do Estatuto, os Estados-partes concordaram em delegar ao TPI os poderes de prescrição, julgamento e execução, que cada país possui, em virtude da soberania.

Nesse ponto, é imperioso ressaltar que o Estatuto de Roma, no artigo 29, determina a imprescritibilidade dos crimes sob sua jurisdição (*Rome Statute*, 1998).

Além disso, as disposições da jurisdição fornecem ao tribunal o direito de exercê-las para efeito de justiça penal internacional e em consonância com os princípios consuetudinários da territorialidade e da nacionalidade.

Atenta-se que a delegação da jurisdição penal conferida pelos Estados não é mero instrumento para utilizar quando lhes convém, ou para perseguirem seus adversários políticos.

O TPI é independente, com autoridade e discrição para exercer sua jurisdição, enquanto há clara disposição nesse sentido no Estatuto de Roma, conforme os artigos 11, 12, 13, 14 e 15 (Decreto n.º 4.388, 2002):

> Artigo 11 – Competência ratione temporis:
>
> 1. O Tribunal só terá competência relativamente aos crimes cometidos após a entrada em vigor do presente Estatuto.
>
> 2. Se um Estado se tornar Parte no presente Estatuto depois da sua entrada em vigor, o Tribunal só poderá exercer a sua competência em relação a crimes cometidos depois da entrada em vigor do presente Estatuto relativamente a esse Estado, a menos

que este tenha feito uma declaração nos termos do parágrafo 3º do artigo 12.

Artigo 12 - Condições Prévias ao Exercício da Jurisdição

1. O Estado que se torne Parte no presente Estatuto, aceitará a jurisdição do Tribunal relativamente aos crimes a que se refere o artigo 5º.

2. Nos casos referidos nos parágrafos a) ou c) do artigo 13, o Tribunal poderá exercer a sua jurisdição se um ou mais Estados a seguir identificados forem Partes no presente Estatuto ou aceitarem a competência do Tribunal de acordo com o disposto no parágrafo 3º:

a) Estado em cujo território tenha tido lugar a conduta em causa, ou, se o crime tiver sido cometido a bordo de um navio ou de uma aeronave, o Estado de matrícula do navio ou aeronave;

b) Estado de que seja nacional a pessoa a quem é imputado um crime. 3. Se a aceitação da competência do Tribunal por um Estado que não seja Parte no presente Estatuto for necessária nos termos do parágrafo 2º, pode o referido Estado, mediante declaração depositada junto do Secretário, consentir em que o Tribunal exerça a sua competência em relação ao crime em questão. O Estado que tiver aceito a competência do Tribunal colaborará com este, sem qualquer demora ou exceção, de acordo com o disposto no Capítulo IX.

Artigo 13 - Exercício da Jurisdição

O Tribunal poderá exercer a sua jurisdição em relação a qualquer um dos crimes a que se refere o artigo 5º, de acordo com o disposto no presente Estatuto, se:

a) Um Estado Parte denunciar ao Procurador, nos termos do artigo 14, qualquer situação em que haja indícios de ter ocorrido a prática de um ou vários desses crimes;

b) O Conselho de Segurança, agindo nos termos do Capítulo VII da Carta das Nações Unidas, denunciar ao Procurador qualquer situação em que haja indícios de ter ocorrido a prática de um ou vários desses crimes; ou

c) O Procurador tiver dado início a um inquérito sobre tal crime, nos termos do disposto no artigo 15.

Artigo 14 - Denúncia por um Estado Parte

1. Qualquer Estado Parte poderá denunciar ao Procurador uma situação em que haja indícios de ter ocorrido a prática de um ou vários crimes da competência do Tribunal e solicitar ao Procurador que a investigue, com vista a determinar se uma ou mais pessoas identificadas deverão ser acusadas da prática desses crimes.

2. O Estado que proceder à denúncia deverá, tanto quanto possível, especificar as circunstâncias relevantes do caso e anexar toda a documentação de que disponha.

Artigo 15 – Procurador

1. O Procurador poderá, por sua própria iniciativa, abrir um inquérito com base em informações sobre a prática de crimes da competência do Tribunal.

2. O Procurador apreciará a seriedade da informação recebida. Para tal, poderá recolher informações suplementares junto aos Estados, aos órgãos da Organização das Nações Unidas, às Organizações Intergovernamentais ou Não Governamentais ou outras fontes fidedignas que considere apropriadas, bem como recolher depoimentos escritos ou orais na sede do Tribunal.

3. Se concluir que existe fundamento suficiente para abrir um inquérito, o Procurador apresentará um pedido de autorização nesse sentido ao Juízo de Instrução, acompanhado da documentação de apoio que tiver reunido. As vítimas poderão apresentar representações no Juízo de Instrução, de acordo com o Regulamento Processual.

4. Se, após examinar o pedido e a documentação que o acompanha, o Juízo de Instrução considerar que há fundamento suficiente para abrir um Inquérito e que o caso parece caber na jurisdição do Tribunal, autorizará a abertura do inquérito, sem prejuízo das decisões que o Tribunal vier a tomar posteriormente em matéria de competência e de admissibilidade.

5. A recusa do Juízo de Instrução em autorizar a abertura do inquérito não impedirá o Procurador de formular ulteriormente outro pedido com base em novos fatos ou provas respeitantes à mesma situação.

6. Se, depois da análise preliminar a que se referem os parágrafos 1º e 2º, o Procurador concluir que a informação apresentada não constitui fundamento suficiente para um inquérito, o Procurador informará quem a tiver apresentado de tal entendimento. Tal não impede que o Procurador examine, à luz de novos fatos ou provas, qualquer outra informação que lhe venha a ser comunicada sobre o mesmo caso[42].

Por isso, o TPI exercerá sua jurisdição nos casos de crimes contra a humanidade, crimes de genocídio, crimes de guerra e crimes de agressão.

Contudo, não é um conceito absoluto.

Os crimes devem ter sido praticados após 1.º de julho de 2002 (*Understanding the International Criminal Court*, 2020, p. 26), data da

---

[42] BRASIL. **Decreto n.º 4.388, de 25 de setembro de 2002**. Presidência da República. Brasília, 23 set. 2002. Disponível em: https://www.planalto.gov.br/ccivil_03/decreto/2002/d4388.htm. Acesso em: 15 fev. 2023.

ratificação do Estatuto de Roma, e, caso o país tenha referendado em data posterior, só será admitido julgar as condutas cometidas após sua ratificação.

Determina, da mesma forma, que o Estado deverá aceitar a jurisdição universal, que abrangerá os crimes tipificados em seus artigos 5.º, 6.º, 7.º e 8.º(*bis*), ressalvando o disposto no artigo 124, do Estatuto de Roma.

Nos casos em que o Estado não ratificou o estatuto e deseja instaurar investigação — a ser realizada pelo Tribunal Penal Internacional —, acerca do cometimento dos crimes previstos no Estatuto de Roma, exige-se o depósito de declaração junto à Secretaria, a qual deverá consentir, expressamente, que o tribunal exerça sua jurisdição em relação aos crimes em questão (artigo 12 [3], Estatuto de Roma).

Dessa forma, estabelece uma de suas competências e limites da sua atuação (artigo 11 [1] e [2], do Estatuto de Roma). O referido artigo expressa que o TPI poderá julgar os crimes cometidos após a adesão do Estatuto de Roma na legislação interna[43]. Por isso, o Estatuto de Roma se baseia nos princípios da não retroatividade *ratione personae* (artigo 24 [1], do Estatuto) e da jurisdição temporal prospectiva[44].

No entanto, não há disposição clara quanto aos crimes continuados, que começaram antes da entrada em vigor do Estatuto, e continuam até plena vigência deste (ZIMMERMAN; KLAMBERG, 2016).

A jurisdição *ratione temporis* pode ser limitada de duas maneiras. Pelo CSNU, de acordo com o artigo 16, que poderá impedir o tribunal de exercer a jurisdição por um período determinado; e, ainda, um Estado pode, no momento da ratificação do Estatuto, enviar uma declaração, nos termos do artigo 124, optando por não aceitar a jurisdição do tribunal por sete anos, nos crimes previstos no artigo

---

[43] Ou seja, a Corte poderá exercer a jurisdição após 1.º de julho de 2002, quando o Estatuto de Roma foi ratificado por 60 estados e, portanto, entrou em vigor, nos termos do artigo 126, do Estatuto.

[44] ZIMMERMAN, Dominik; KLAMBERG, Mark. **ICC Commentary:** Part 2. Case Matrix Network, 30 jun. 2016. Disponível em: https://www.casematrixnetwork.org/index.php?id=336#:~:text=Article%20 12(1)%20thus%20does,to%20every%20new%20State%20party. Acesso em: 16 fev. 2023.

8.º (crimes de guerra), caso sejam cometidos por um nacional, ou em seu território (*Rome Statute*, 1998).

Acrescenta-se que, se um Estado tornar-se parte em momento posterior, o tribunal só poderá exercer a sua competência em relação aos crimes cometidos depois da entrada em vigor do Estatuto de Roma, ao menos que o país tenha depositado uma declaração de acordo especial, nos termos do artigo 12 (3), do Estatuto de Roma, aceitando a jurisdição para atos cometidos antes da ratificação, após a entrada em vigor do Estatuto na sua legislação interna (ZIMMERMAN; KLAMBERG, 2016).

No passado, os tribunais *ad hoc* foram criados para julgarem e apurarem crimes *post facto*, isto é, tipificados em momento posterior à conduta e, como consequência, sofreram inúmeras críticas e lamentações pela comunidade internacional e juristas. Por isso, o TPI teve em vista saldar as críticas, criando normas adaptadas aos princípios processuais norteadores de vários sistemas jurídicos.

Ainda, para o correto entendimento do capítulo, faz-se necessária breve explanação do artigo 12, do Estatuto de Roma, chamado de "uma das disposições fundamentais do Estatuto" (ZIMMERMAN; KLAMBERG, 2016), por reger a jurisdição territorial (*ratione temporis jurisdiction*).

O artigo 12 pode ser dividido em duas categorias separadas, porém entrelaçadas. Primeira, o artigo 12 (1) determina como um Estado pode aceitar a jurisdição automática do TPI com relação aos crimes centrais, previstos no artigo 5 (*ratione materiae*), caso se torne parte do Estatuto de Roma (ZIMMERMAN; KLAMBERG, 2016). Segunda, para que o TPI possa exercer a jurisdição, o artigo 12 (2) exige que o Estado territorial ou o Estado de nacionalidade esteja entre os Estados-partes. Para ampliar ainda mais a possibilidade de atuação do TPI, o artigo 12 (3), do Estatuto, prevê a aceitação *ad hoc* do exercício da jurisdição, por parte dos Estados-partes e pelos que não sejam partes (ZIMMERMAN; KLAMBERG, 2016).

Com relação à jurisdição automática do TPI, o artigo 120, do Estatuto de Roma, prevê que nenhuma reserva é permitida, com exceção da possibilidade do *"opt-out"*, que se aplica, exclusivamente, aos crimes de guerra, consoante ao artigo 124 (ZIMMERMAN; KLAMBERG, 2016).

O artigo 12 (1), (2) e (3), do Estatuto de Roma, demonstra o respeito à soberania dos Estados, e estabelece esta como fator limitativo para a jurisdição do TPI.

Assim, forma-se o resultado do compromisso entre a soberania dos Estados e as necessidades da justiça internacional (ZIMMERMAN; KLAMBERG, 2016).

Contudo, o CSNU pode, sob os poderes conferidos pelo artigo 25 e pelo Capítulo VII, da Carta das Nações Unidas[45], decidir que todos os Estados, inclusive os quais não sejam parte, devem cooperar inteiramente com o tribunal e com o procurador e deverão prestar toda a assistência necessária (ZIMMERMAN; KLAMBERG, 2016). O CSNU usou dessa prerrogativa, quando encaminhou a situação de Darfur, para o tribunal, na Resolução 1593 (2005) (ZIMMERMAN; KLAMBERG, 2016).

Na atual estrutura do Estatuto de Roma, a soberania dos Estados, tal como prevista no artigo 12 (2) e (3), poderá ser superada pelo encaminhamento da situação ao procurador por um Estado-parte, nos termos do artigo 14, do Estatuto de Roma (artigo 13 [a], *Rome Statute*, 1998); pelo encaminhamento do CSNU ao procurador, em consonância com o Capítulo VII, da Carta das Nações Unidas (artigo 13 [b], *Rome Statute*, 1998); ou se a Procuradoria iniciar as investigações nos termos do artigo 15, do Estatuto de Roma (artigo 13 [c], *Rome Statute*, 1998).

No que tange aos crimes cometidos a bordo de embarcação ou aeronave, o Estado de registro da embarcação ou aeronave é equiparado ao território do Estado (ZIMMERMAN; KLAMBERG, 2016), consoante ao artigo 91 (1), da Convenção das Nações Unidas

---

[45] **United Nations Charter, Chapter VII:** Action with Respect to Threats to the Peace, Breaches of the Peace, and Acts of Aggression. United Nations. São Francisco, 24 out. 1945. Disponível em: https://www.un.org/en/about-us/un-charter/chapter-7. Acesso em: 21 mar. 2023.

sobre o Direito do Mar[46], e o artigo 17, da Convenção sobre Aviação Civil Internacional[47]. De acordo com essas convenções, os navios detêm a nacionalidade do Estado cuja bandeira esteja autorizada a arvorar, e as aeronaves terão a nacionalidade do Estado em que esteja registrada.

Ressalta-se a possibilidade da renúncia temporária à jurisdição automática pelo Estado-parte, nos termos do artigo 12 (1), para crimes de guerra, caso uma declaração nesse sentido for enviada pelo Estado, no momento de sua ratificação, nos termos do artigo 124. Tal opção poderá ser adotada, pelo Estado-parte, por um período máximo de sete anos e tolera-se a sua retirada a qualquer momento. Além disso, as ressalvas serão debatidas na conferência anual revisional do Estatuto de Roma (Estatuto de Roma, 1998, artigo 123 [1]).

Exemplifica-se. A França declarou não aceitar a jurisdição do tribunal, no que tange aos crimes dispostos no artigo 8.º (crimes de guerra), quando praticados pelos seus nacionais, ou no seu território (ZIMMERMAN; KLAMBERG, 2016).

Ao implementar o Estatuto de Roma, traduzido em sua legislação, em 2010, criaram obstáculos acentuados para a jurisdição do TPI, quais sejam: o crime precisa ser reconhecido no país onde for cometido; o perpetrador necessita ter residência permanente na França; os familiares das vítimas não podem figurar como parte no julgamento; e o caso não deve ser julgado após o TPI[48].

Por conta dessas ressalvas, a França sofre diversas reprimendas pela comunidade internacional e pela sua população. Algumas

---

[46] BRASIL. **Decreto n.º 99.165, de 12 de março de 1990**: Promulga a Convenção das Nações Unidas sobre o Direito do Mar. Câmara dos Deputados. Brasília, 12 mar. 1990. Disponível em: https://www2.camara.leg.br/legin/fed/decret/1990/decreto-99165-12-marco-1990-328535-publicacaooriginal-1-pe.html. Acesso em: 21 mar. 2023.

[47] BRASIL. **Decreto n.º 21.713, de 27 de agosto de 1946:** Promulga a Convenção sobre a Aviação Civil Internacional, concluída em Chicago a 7 de dezembro de 1944 e firmado pelo Brasil, em Washington, a 29 de maio de 1945. Presidência da República. Rio de Janeiro, 27 ago. 1946. Disponível em: http://www.planalto.gov.br/ccivil_03/decreto/1930-1949/d21713.htm. Acesso em: 21 mar. 2023.

[48] MADE, Jan van der. **How far is France prepared to go in support of universal human rights?** 30 ago. 2022. Disponível em: https://www.rfi.fr/en/international/20220630-how-far-is-france-prepared-to-go-in-support-of-universal-human-rights. Acesso em: 16 fev. 2023.

dessas, tecidas pela ex-diretora da Anistia Internacional da Ucrânia, Sr.ª Oksana Pokalchuk, que externou preocupação, com relação à possibilidade de os autores desses crimes abrigarem-se em território francês, sob a proteção das leis internas, que limitam a autonomia persecutória dos acusados de crimes de guerra pelo Tribunal Penal Internacional e, consequentemente, pelo procurador do tribunal (*How far is France prepared to go in support of universal human rights?*, 2022).

De outra parte, destaca-se a República Federal da Alemanha, que representou um extremo com relação ao consentimento da jurisdição universal do tribunal. A Alemanha considerou que os Estados poderiam delegar ao tribunal sua competência de julgar os crimes dispostos no Estatuto, vez que lhe são conferidas pelo direito internacional consuetudinário (ZIMMERMAN; KLAMBERG, 2016).

Como vários Estados exercem jurisdição sobre os crimes de genocídio, crimes contra a humanidade e crimes de guerra, esta poderia ser delegada à Corte.

Tais determinações, a favor da universalização da competência do TPI, limitadas aos crimes de guerra, contra a humanidade e de genocídio, foram referendadas por Estados como Suécia, República Tcheca, Letônia, Costa Rica, Albânia, Gana, Namíbia, Itália, Hungria, Azerbaijão, Bélgica, Irlanda, Holanda, Luxemburgo, Bósnia e Herzegovina e Equador (ZIMMERMAN; KLAMBERG, 2016).

Diferem-se da posição da Alemanha os Estados Unidos da América (EUA), que representam outra posição com relação ao princípio da universalidade da jurisdição.

Sustentam, para tanto, que o Estado de nacionalidade do autor teria que expressar o seu consentimento em todos os casos, com exceção das recomendações advindas do CSNU. A Índia, Indonésia, Gabão, Rússia, Jamaica, Nigéria, Vietnã, Argélia, Egito, Israel, Sri Lanka, Paquistão, Afeganistão, Irã e China posicionaram-se em sentido análogo, inclinando-se a aceitarem uma jurisdição mais restrita, submetida à sua autorização, para que ocorresse o julgamento no escopo do TPI.

4.6 Julgamentos e procedimentos do TPI

A fase preliminar é uma inovação do Estatuto de Roma, e não detinha qualquer previsão nos estatutos dos Tribunais *ad hoc* e, tampouco, nos sistemas jurídicos internos dos países, nos quais o procedimento criminal se desenvolve com mais de uma fase (STEINER, 2017).

Segundo a Excelentíssima ex-juíza do TPI Sylvia Steiner, a respeito da fase preliminar, cumpre destacar, *in verbis* (STEINER, 2017):

> A fase preliminar do procedimento é uma inovação do Estatuto de Roma. Não era prevista nos estatutos dos Tribunais ad hoc e sequer reflete o conteúdo de outros sistemas nos quais o procedimento criminal se desenvolve em mais de uma fase.
>
> Nos termos do artigo 57 do Estatuto, e de maneira geral, compete às Câmaras Preliminares, além de decidir sobre autorização para início de uma investigação, a expedição, a pedido do Procurador, de mandados de prisão ou ordens de comparecimento. Compete também tomar todas as medidas necessárias para a proteção de vítimas e testemunhas. É a Câmara que autoriza o Procurador a tomar medidas especiais que facilitem a investigação, e expedir pedidos de cooperação aos Estados e organizações para que auxiliem na coleta de provas em auxílio à Defesa. A Câmara, no decorrer da fase preliminar, acompanha a comunicação das provas (disclosure) entre o Procurador e a Defesa, e decide sobre quaisquer incidentes relativos a essa comunicação. Decide ainda, a pedido ou de ofício, sobre a manutenção da prisão do acusado. Também é responsável por ordenar a busca e apreensão ou o congelamento de bens do acusado a fim de garantir futura reparação às vítimas.
>
> Ao final da fase de comunicação de provas, a Câmara Preliminar designa, na forma do artigo 61 e seus parágrafos do Estatuto, a audiência de confirmação das

acusações, na qual poderão ser ouvidas testemunhas e serão debatidos, pelas partes e pelas vítimas que participam dos procedimentos, as provas apresentadas. Ao final a Câmara decidirá sobre a confirmação de uma ou mais acusações, sobre a não confirmação de uma ou mais acusações, ou determinará ao Procurador que emende as acusações ou apresente mais provas.

Após confirmadas as acusações e se não for conferida a possibilidade de recursos pela defesa, o procedimento de julgamento será iniciado (STEINER, 2017).

Estão previstos, essencialmente, entre os artigos 62 e 64 do Estatuto de Roma.

Para o julgamento iniciar-se, é imprescindível a presença do(a) acusado(a), durante o desenvolvimento de todas as atividades, exceto quanto à fase de investigação. O TPI não prevê a possibilidade de julgamentos à revelia, conforme reverbera o artigo 63 [1], do Estatuto de Roma (STEINER, 2017).

O artigo 64 define as normas que deverão ser objeto de atenção, durante o procedimento de julgamento (STEINER, 2017).

Caberá à Câmara de Julgamento organizar, primordialmente, a forma e o modo da apresentação das provas em audiência (STEINER, 2017).

Ademais, a oralidade é a regra dos julgamentos perante o TPI, assemelhando-se ao procedimento penal típico da *common law* (STEINER, 2017). No entanto, não há previsão de um júri leigo (STEINER, 2017).

A Câmara de Julgamento será responsável pela condução dos julgamentos, pela escolha dos procedimentos, por assegurar a expedição das medidas protetivas processuais ou pessoais, por determinar o comparecimento das testemunhas, solucionar eventuais incidentes sobre a comunicação das provas e sedimentar a comunicação de provas entre acusação e defesa (STEINER, 2017).

Diferentemente da *common law*, é facultada à Câmera, com fulcro no artigo 64 (5), (d), do Estatuto de Roma, ordenar a produção de quaisquer provas adicionais às expostas pelas partes (STEINER, 2017).

Portanto, na forma do artigo 21 (3), do Estatuto de Roma, as Câmaras, devem assegurar a aplicação do Princípio 5, dos Princípios Básicos das Nações Unidas sobre a Independência do Judiciário, que prevê, segundo Sylvia Steiner (STEINER, 2017), *in verbis*:

> [...] o princípio da independência judicial impõe aos juízes que assegurem que os procedimentos judiciais sejam conduzidos de forma justa e que os direitos das partes sejam respeitados.

Ademais, o artigo 69 do Estatuto estabelece o regime de provas e sua razoabilidade, devendo passar por análises da Câmara (STEINER, 2017).

O julgamento se desenvolverá, na maioria esmagadora dos casos, com a exposição das provas e testemunhas de acusação, posteriormente da apresentação das provas e testemunhas pelas vítimas e, por derradeiro, a descrição de provas e indicação de testemunhas pela defesa (STEINER, 2017).

A fase de julgamento se concluirá com uma decisão, nos termos do artigo 74, do Estatuto, a qual absolverá ou condenará o(a) acusado(a), por uma ou mais acusações (*verdict*).

Por derradeiro, com relação à fixação das penas, ocorrerá em momento posterior, conforme o artigo 76 (*sentencing*) do Estatuto de Roma, considerando a disposição na Regra 145 das Regras de Procedimento e de Prova (*Rules of Procedure and Evidence*, 2013, p. 57), como às agravantes, à conduta do acusado, à natureza dos crimes, às circunstâncias, às vítimas, aos danos etc. (STEINER, 2017).

4.7 Penas aplicáveis

Se considerado(a) culpado(a), o(a) acusado(a) estará sujeito(a) às seguintes penas, previstas no artigo 77, do Estatuto de Roma: prisão de até 30 anos (artigo 77 [1], [a], do Estatuto de Roma); prisão perpétua, dependendo da gravidade do delito cometido e das circunstâncias pessoais do acusado (artigo 77 [1] e [b], do Estatuto de Roma); penas de multa (artigo 77 [2] e [a], do Estatuto de Roma); e perda de bens produto do crime, sem prejuízos a terceiros que tenham agido de boa-fé (artigo 77 [2], [b], do Estatuto de Roma)[49].

O artigo 120, do Estatuto de Roma, veda, expressamente, sua ratificação com reservas.

Portanto, pergunta-se: estaria o Brasil em desconformidade com o Estatuto de Roma, incorporado à sua legislação interna desde 2002?

A corrente majoritária dos excelentíssimos doutrinadores é: não.

O artigo 80, do Estatuto de Roma, evidencia que não haverá interferência na aplicação das penas, estipuladas pelo ordenamento jurídico interno dos respectivos países, nos direitos humanos (Decreto n.º 4.388, 2002).

Logo, nada molestará a aplicação, pelos Estados, das penas previstas nas respectivas legislações internas e, da mesma forma, não anulará a proficuidade das penas dispostas no Estatuto (Decreto n.º 4.388, 2002).

Traz-se à baila o Princípio da Complementariedade — norteador da Corte — que foi apto a estabelecer limites de atuação para o Tribunal Penal Internacional, nos casos em que o Estado-parte se mantiver inerte, e/ou não houver nenhuma provisão assentida pelo Poder Judiciário daquele país, ensejando, posteriormente, na impunidade do agressor.

Outrossim, a pena deverá ser cumprida no território de um Estado-parte e poderá ser reduzida depois do cumprimento de um terço, ou após 25 anos de cumprimento da pena, no caso de prisão perpétua, se houver a devida colaboração prestada pelo acusado durante o julgamento (LEWANDOWSKI, 2002).

---

[49] BRASIL. **Decreto n.º 4.388, de 25 de setembro de 2002**. Estatuto de Roma do Tribunal Penal Internacional. Brasília: Presidência da República, 2002. Disponível em: https://www.planalto.gov.br/ccivil_03/decreto/2002/d4388.htm. Acesso em: 27 fev. 2023.

Assim sendo, a prisão perpétua, caso imposta como medida de justiça, estará sujeita a revisão, caso os requisitos sejam satisfeitos.

4.7.1 Prisão perpétua e a Constituição da República Federativa do Brasil de 1988

Imperioso destacar que, no Brasil, a prisão perpétua é vedada, conforme reverbera o artigo 5.º, inciso XLVII, alínea "b", e o artigo 60, §4.º, inciso IV, da Constituição Federal (CF/88)[50].

Em uma análise simples, significa que a prisão perpétua não poderá ser objeto, sequer, de emenda constitucional, caso implicar na abolição da proibição da pena perpétua.

Entretanto, entendimentos dominantes e adotados pela jurisprudência e doutrina traçam um panorama de como aplicar o Estatuto de Roma, junto às legislações hierarquicamente superiores, como a *Magna Carta*, sem que se caracterizasse a suposta antinomia.

Como o foco do estudo não é o direito brasileiro, cabe ponderar alguns fatos.

Com efeito, o artigo 5.º, inciso XLVII, alínea "a", da CF/88, veda, expressamente, a pena de morte, ressalvada a hipótese de o país declarar guerra, conforme assentido pelo artigo 84, inciso XIX, da Constituição Federal.

O Estatuto de Roma, da mesma forma, veda a pena de morte em seu artigo 77, §1.º, alínea "b", contudo aduz que outras medidas, como a prisão perpétua, poderão ser aplicadas, desde que justificada pela grave ilicitude do crime e pelas circunstâncias individuais do condenado.

---

[50] BRASIL. **Constituição da República Federativa do Brasil de 1988 (1988)**. Brasília: Presidência da República, 2002. Disponível em: https://www.planalto.gov.br/ccivil_03/constituicao/constituicao.htm. Acesso em: 27 fev. 2023.

Esclarece Tarcisio Dal Maso Jardim[51] que a prisão perpétua é "exceção da exceção", vez que a competência do TPI sempre recairá sobre crimes graves, ilustrada como uma condição de admissibilidade do tribunal. Outra característica limitadora é a extrema gravidade do delito, que deverá ser interpretada como situação limite para admissibilidade da Corte (JARDIM, 2000).

Ademais, o artigo 5.º, §2.º, da CF/88, é apto a esclarecer que os direitos e garantias previstos na Constituição não excluem os outros decorrentes do sistema, ou do regime por elas adotados, ou, ainda, advindos dos tratados, os quais o Brasil figure como parte.

O Ato das Disposições Constitucionais Transitórias (ADCT), da Constituição Federal, propugna o advento de um tribunal internacional de direitos humanos (artigo 7.º, do ADCT[52]), e garante-se, por meio do artigo 5.º, §2.º e §4.º, da CF/88, que "os direitos e garantias expressos não excluem outros decorrentes do regime e dos princípios por ela adotados, ou dos tratados internacionais nos quais o Brasil seja parte". Além do exposto, estabelece que "o Brasil se submete à jurisdição do Tribunal Penal Internacional a cuja criação tenha manifestado adesão" (artigo 5.º, §4.º, da CF/88).

Da mesma parte, ressalte-se, o artigo 7.º, do ADCT, expressa que o Brasil sustentará pela formação de um tribunal internacional de direitos humanos.

A brilhante ex-juíza do TPI, Sylvia Steiner[53], esclarece que:

---

[51] JARDIM, Tarcisio Dal Maso. **O Tribunal Penal Internacional e a sua importância para os Direitos Humanos**. O que é o Tribunal Penal Internacional. Comissão de Direitos Humanos da Câmara dos Deputados, 2000. Disponível em: https://jus.com.br/artigos/38730/a-in-compatibilidade-da-cominacao-da-pena-de-prisao-perpetua-pelo-tratado-de-roma-do-tribunal-penal-internacional-diante-da-constituicao-da-republica-federativa-do-brasil. Acesso em: 27 fev. 2023.

[52] BRASIL. **Ato das Disposições Constitucionais e Transitórias**. Constituição da República Federativa do Brasil de 1988. Disponível em: https://www.planalto.gov.br/ccivil_03/constituicao/constituicao.htm. Acesso em: 27 fev. 2023.

[53] STEINER, Sylvia Helena de Figueiredo. **O Tribunal Penal Internacional, a Pena de Prisão Perpétua e a Constituição Brasileira**. Comissão de Direitos Humanos da Câmara dos Deputados, fev. 2000. Disponível em: http://www.dhnet.org.br/dados/cartilhas/dh/tpi/cartilha_tpi.htm#A%20PENA%20DE%20PRISÃO. Acesso em: 27 fev. 2023.

> As normas de direito penal da Constituição regulam o sistema punitivo interno. Dão a exata medida do que o constituinte vê como justa retribuição. Não se projeta, assim, para outros sistemas penais aos quais o país se vincule por força de compromissos internacionais.

Portanto, a aplicação da pena de caráter perpétuo é vedada no território nacional.

Contudo, não há nenhum óbice para ser cominada, no âmbito do direito internacional, nos crimes de competência do TPI.

No Brasil, as normas são explicitas ao instituírem a permissão da aplicação desse tipo de pena pelo referido tribunal de direitos humanos, e clarificam não haver nenhuma antinomia entre os tratados e sua aplicação no território nacional, sujeitando-se à jurisdição e às penas do tribunal (artigo 5.º, §4.º, CF/88).

A questão ainda é polêmica, sendo necessária maior discussão, a fim de discorrer sobre o tema, contudo este não é objeto da presente obra.

5

CONFLITOS ENTRE RÚSSIA E UCRÂNIA DE 2014 A 2023

Em novembro de 2013, o presidente da Ucrânia, Viktor Yanukovych, gerou grande instabilidade no país, ao negar-se a ratificar o Tratado de Associação da Ucrânia com à União Europeia, que propunha a criação de uma zona de livre comércio e a adaptação progressiva a certos padrões da comunidade europeia, especialmente, em relação ao Estado de Direito[54].

A negativa exaltou os ânimos dos civis ucranianos, majoritariamente habitantes do oeste do país, que aspiravam pela aproximação aos europeus e o afastamento da influência da Rússia, dando origem a uma série de protestos violentos, principalmente, na capital Kiev, conhecidos como *Euromaiden*.

Concomitantemente, Viktor Yanukovych procurou apoio político e financeiro do Kremlin, vez que a Rússia estava determinada a manter a Ucrânia dentro da sua zona de influência, direcionando ameaças hostis ao povo[55].

As tentativas para dispersar os protestos em Kiev apenas acaloraram o discurso da oposição do governo de Yanukovych e trouxeram ímpeto ao povo ucraniano, que, por outro lado, não estava disposto a continuar sob influência de Moscou (GALEOTTI, 2019, p. 5).

Em 22 fevereiro de 2014, Yanukovych, sob ameaça de *impeachment* e com o governo politicamente destruído, voou à Rússia,

---

[54] ABELLÁN, Lucía; BONET, Pilar. A Ucrânia e a UE firmam o pacto de livre comércio que iniciou a crise com a Rússia. **El País**, Bruxelas/Moscou, 27 jun. 2014. Disponível em: https://brasil.elpais.com/brasil/2014/06/27/internacional/1403853122_102740.html. Acesso em: 28 fev. 2023.

[55] GALEOTTI, Mark. **Armies of Russia`s War in Ukraine**, Osprey Publishing, Oxford, Reino Unido, v. I, ed. II, p. 1-65, 2019.

deixando 130 mortos e um país flébil, sob a perspectiva para o futuro (GALEOTTI, 2019, p. 5).

5.1 Contexto histórico da URSS

Antes da dissolução da URSS, como sujeito de direito internacional, a República Socialista Soviética da Ucrânia era um Estado Soviético e a Crimeia já integrava o seu território.

Imperioso atentar-se que a forma de organização política da URSS era objeto de altercações pela comunidade internacional, pois se caracterizava como uma Federação específica, reputada como *"soft Federation"*, em virtude de as Repúblicas Soviéticas, que constituíam as Federações (RSS), conservarem a mesma natureza jurídica da URSS[56].

Ou seja, reconheciam a soberania dos territórios que formavam a União Soviética e, simultaneamente, a soberania das Repúblicas componentes (MEREZHKO, 2015).

Para exemplo, a República Socialista Soviética da Ucrânia e a República Socialista Soviética da Bielorrússia eram membros e fundadores da ONU, que permitia a adesão, somente, de Estados soberanos, consoante ao artigo 2.º (1), da Carta das Nações Unidas[57].

Em breve consulta à Constituição da URSS de 1977, é possível constatar que o artigo 72 estabelecia que "cada República da União manterá o direito de se separar livremente da URSS"[58].

Em sentido similar, reverberava o artigo 76, da Constituição da URSS de 1977, que "a república da União é um Estado socialista soviético soberano".

---

[56] MEREZHKO, Oleksandr. **Crimea's Annexation by Russia** – Contradictions of the New Russia Doctrine of International Law. Die Zeitschrift für ausländisches öffentliches Recht und Völkerrecht. Alemanha: Heidelberg, 2015. Disponível em: https://www.zaoerv.de/75_2015/75_2015_1_a_167_194.pdf. Acesso em: 28 fev. 2023.

[57] Artigo 2.º (1), da Carta das Nações Unidas: "A Organização é baseada no princípio da igualdade soberana de todos os seus membros".

[58] UNIÃO DAS REPÚBLICAS SOCIALISTAS SOVIÉTICAS. **Constitution (fundamental law) of the Union of Soviet Socialist Republics**. Novosti Press Agency Publishing House, 1977. Disponível em: https://www.marxists.org/history/ussr/government/constitution/1977/constitution-ussr-1977.pdf. Acesso em: 28 fev. 2023.

O artigo 80, da referida Constituição da URSS, resplandecia o direito de as Repúblicas Soviéticas negociarem com Estados estrangeiros, ratificarem tratados internacionais e trocarem representantes diplomáticos e consulares (*Constitution [fundamental law] of the Union of Soviet Socialist Republics*, 1977).

Cumpre esclarecer que a URSS foi criada por meio do Tratado de Criação da URSS e da Declaração de Criação da URSS, aprovados em 1922[59].

Posteriormente, sua dissolução deu-se mediante os Acordos de Belavezha, em 8 de dezembro de 1991 (MEREZHKO, 2015, p. 169).

Portanto, a Ucrânia já era Estado soberano antes da criação da União Soviética, em 1922, assim permaneceu durante sua existência e continuou como detentora de soberania após o desfazimento da URSS, em 1991 (MEREZHKO, 2015, p. 169).

Ademais, o território da Ucrânia, durante a URSS, não poderia ter sofrido qualquer alteração sem o seu devido consentimento (MEREZHKO, 2015, p. 169). As suas fronteiras poderiam ser modificadas, somente, por um acordo celebrado com as outras Repúblicas Soviéticas, mediante confirmação da URSS (MEREZHKO, 2015, p. 169).

Em 19 de fevereiro de 1954, o Conselho Supremo da URSS deliberou pela transferência da Crimeia à Ucrânia, definitivamente. Naquela oportunidade, considerou e analisou aspectos econômicos, culturais e geográficos, bem como posições oficiais da República Socialista Federativa Soviética da Rússia e da República Socialista Soviética da Ucrânia (MEREZHKO, 2015, p. 169).

Por isso, o argumento da Rússia, com relação ao não consentimento da República Socialista Federativa Soviética da Rússia (RSFSR), não merece guarida.

Além disso, em 2 de junho de 1954, na quinta sessão do Conselho Supremo da RSFSR, os delegados votaram, de forma unânime,

---

[59] **Declaration on the USSR Foundation and the Treaty was Signed**. Boris Yeltsin Presidential Library, 30 dez. 1922. Disponível em: https://www.prlib.ru/en/history/619858. Acesso em: 28 fev. 2023.

a favor de alinhar a Constituição da RSFSR com a Constituição da URSS. Por isso, a Crimeia, Sevastopol e outros oblasts passaram a ser parte do território ucraniano, terminantemente (MEREZHKO, 2015, p. 170).

Com efeito, a aprovação unânime significou o consentimento da Rússia e da Ucrânia, para que a Crimeia se tornasse parte da Ucrânia (MEREZHKO, 2015, p. 170).

Ou seja, já houve uma análise profunda efetuada pelo extinto conselho da URSS e acordos bilaterais, concluindo que a Crimeia se integraria à Ucrânia, refutando as justificativas proferidas pelo presidente russo, Vladimir Putin, que acusou seu antecessor, Nikita Khrushchev, "de tirar a Crimeia da Rússia por alguma razão e cedeu-a à Ucrânia em 1954"[60].

5.2 Anexação da Crimeia (2014)

Notadamente, a situação na Crimeia é muito complexa e necessita de especial cuidado em sua análise, para não negligenciar a história e fatos atuais, em virtude de envolver uma série de acordos políticos e decisões do governo da URSS, que perduram até os dias atuais.

A população da Crimeia é predominantemente composta por russos, que se sentiam negligenciados por Kiev e acreditavam que, de fato, a península pertencia à Rússia, doada à Ucrânia por mera boa vontade do ucraniano Nikita Khrushchev (GALEOTTI, 2019, p. 6).

A deposição de Yanukovych e o surgimento de um novo governo declaradamente comprometido a estreitar as relações com o Ocidente — podendo, até mesmo, integrar a OTAN — preocuparam o Kremlin, vez que Putin sentiu-se supostamente ameaçado, por suas investidas na Crimeia correrem o risco de não prosperarem.

Essa preocupação deve-se, especialmente, pelo acordo de 1997, celebrado entre Ucrânia e Rússia, que concedia o direito da Frota

---

[60] PERRIGO, Billy. How Putin's Denial of Ukraine's Statehood Rewrites History. **Time**, 22 fev. 2022. Disponível em: https://time.com/6150046/ukraine-statehood-russia-history-putin/. Acesso em: 28 fev. 2023.

do Mar Negro — composta por 25 mil militares russos — utilizar como base a Península da Crimeia, com vigência estipulada até 2042 (GALEOTTI, 2019, p. 7).

Moscou não estava disposta a esperar para constatar se o tratado seria cumprido pelos ucranianos e sentiu-se diretamente ameaçada pelo novo governo, alinhado com o Ocidente, ao qual rotulavam como ilegítimo e nacionalista (GALEOTTI, 2019, p. 7).

Ademais, considerando todo o contexto histórico, em 2014, a situação de beligerância entre os países dilatou vertiginosamente, sendo certo que a Federação Russa realizou plebiscito em território ucraniano, a fim de confirmar se a população da região gostaria de integrar o território russo — sem o consentimento do governo local (GALEOTTI, 2019, p. 7).

Diante dos resultados da votação, a Rússia procedeu com a invasão à Crimeia, com a alegação de proteção à população russa e combate ao fascismo (GALEOTTI, 2019, p. 10).

Imperioso ressaltar que os conflitos, envolvendo os dois países, iniciaram-se em 27 de fevereiro de 2014, às 4h30, momento no qual tropas militares e paramilitares, patrocinadas pelo Kremlin, mediante fornecimento de aparato moderno e vasto armamento, tomaram o prédio do Parlamento em Simferopol (também da Crimeia) e hastearam a bandeira russa (GALEOTTI, 2019, p. 10).

Autoproclamada "Força Armada de Autodefesa da Crimeia", eram, na verdade, operadores do KSO, advindos do recém-formado Comando de Operações Especiais da Rússia, apoiado por comandos do Spetsnaz e pela Infantaria Naval de Spetsnaz (GALEOTTI, 2019, p. 11).

Da mesma forma, constatou-se a presença de "voluntários" (eram pouco mais que saqueadores, com exceção de algumas unidades, como a polícia de choque de Berkut, que se juntou ao lado anti-Kiev, ou "Rubezh" unidade de veteranos) (GALEOTTI, 2019, p. 11).

Os grupos supracitados forniram apoio político, tropas treinadas, armas e uniformes despidos de qualquer insígnia, visando auxiliar na anexação da península, blindando, de certa forma, o Kremlin.

Ao longo dos dias, os russos bloquearam as forças ucranianas de chegarem até a Crimeia, impossibilitando a chegada de reforço, isolando a península e estabelecendo um governo fantoche, com o fim de sedimentar a conquista política.

A alegação que os soldados não eram russos foi reproduzida por Vladimir Putin, o qual sugeriu que estes poderiam ter comprado seus uniformes e equipamentos, do modelo Ratnik, de última geração, em lojas de segunda mão (GALEOTTI, 2019, p. 11).

A Ucrânia, até o dia 27 de fevereiro de 2014, não tinha, sequer, ministro da Defesa, desvendando o motivo de os soldados russos — não superiores a 2 mil homens nos primeiros dias e unidos aos voluntários de eficácia duvidosa — conseguirem conter as forças ucranianas, em número superior (GALEOTTI, 2019, p. 11).

No entanto, no decorrer do conflito, os russos enviaram equipamentos mais pesados, incluindo artilharia, defesa aérea e unidades mecanizadas, bem como helicópteros Mi-35M (GALEOTTI, 2019, p. 11), culminando na queda e retirada das tropas ucranianas.

Em 16 de março de 2014, o referendo organizado pelo governo russo foi realizado, apontando que 97% dos habitantes da Crimeia, aptos a votarem, eram favoráveis à anexação da Península da Crimeia pela Rússia (GALEOTTI, 2019, p. 12).

O conflito deixou dois mortos, um soldado da marinha ucraniana e um voluntário russo (GALEOTTI, 2019, p. 12).

Como consequência da decisão de anexação da Crimeia, a Rússia sofreu inúmeras críticas pela comunidade internacional, que aprovou a resolução n.º 68/262, por 100 votos favoráveis, 58 abstenções e 11 votos contrários, realizada na Assembleia Geral da ONU.

A resolução deu-se por meio da 80.ª reunião do plenário da Assembleia Geral, realizada em 27 de março de 2014[61].

---

[61] ESTADOS UNIDOS DA AMÉRICA. **Resolution adopted by the General Assembly on 27 March 2014. United Nations, General Assembly**. Nova Iorque, 27 mar. 2014. Disponível em: https://documents-dds-ny.un.org/doc/UNDOC/GEN/N13/455/17/PDF/N1345517.pdf?OpenElement. Acesso em: 28 fev. 2023.

Contudo, a resolução adotada pela Assembleia Geral das Nações Unidas não possui efeito vinculante, detendo, tão somente, efeito simbólico.

Sem embargo, não promoveu óbice para que sanções financeiras fossem cominadas pelos países contrários à invasão.

Na oportunidade, os Estados presentes repudiaram a invasão e não validaram o referendo organizado pela Rússia, que resultou na anexação do território ucraniano (*Resolution adopted by the General Assembly*, 2014).

Portanto, evidenciou-se o compromisso da comunidade internacional com a soberania, a independência política, a unidade e a integridade territorial da Ucrânia, dentro de suas fronteiras internacionalmente reconhecidas, desde a União das Repúblicas Socialistas Soviéticas (*Resolution adopted by the General Assembly*, 2014).

5.3 Guerra em Donbass (2014 – atualmente)

Os ucranianos consideram existir uma guerra entre os dois países desde 2014, desde as invasões em Donbass e à Península da Crimeia.

Em junho de 2014, após a missão bem-sucedida na Crimeia, o governo russo realizou operações militares no leste da Ucrânia, etnicamente russo.

Contudo, o objetivo preliminar, dessa vez, não era a ocupação do território, mas buscar exercer o controle político na região (GALEOTTI, 2019, p. 12).

A intenção de Moscou era convencer Kiev, que poderia e iria puni-la, por qualquer movimento que exprimisse o estreitamento da relação com o Ocidente (GALEOTTI, 2019, p. 12).

O Kremlin presumiu que essa investida intimidaria a Ucrânia, forçando-a a aceitar que estaria sob a sua influência.

Notadamente, houve graves erros estratégicos incididos pelos russos, vez que a situação não se desdobrou como cogitavam (GALEOTTI, 2019, p. 14).

Imperioso destacar que a população de Donbass estava receosa, pois servia como base do governo de Yanukovych e detinha um expressivo número de habitantes que falavam russo (GALEOTTI, 2019, p. 14).

Acrescenta-se que as preocupações eram genuínas, em virtude de a população local não saber qual seria o destino daquela região, sob administração de um governo alinhado com os interesses do Ocidente (GALEOTTI, 2019, p. 14). Em suma, temiam retaliações de Kiev.

Todavia, as preocupações foram ampliadas pela mídia russa, que rotulou o novo governo ucraniano como uma "junta fascista", enquanto esforços eram submetidos para transformar os protestos em levantes violentos (GALEOTTI, 2019, p. 14).

Conquanto, os esforços da mídia falharam, seja por falta de apoio real, ou devido ao trabalho oportuno e eficaz promovido por Kiev, rechaçando as acusações.

Todavia, em Donetsk e Luhansk, a população invadiu prédios do governo local, e demandaram a realização de referendos, que versassem sobre a autodeterminação das regiões de Donbass (GALEOTTI, 2019, p. 14).

Em que pese os esforços, o presidente ucraniano interino, Olexander Turchinov, advertiu àqueles que encorajavam o *referendum* com "medidas antiterroristas" (GALEOTTI, 2019, p. 14).

Percebe-se que a região estava tensionada, faltando, apenas, uma faísca para que algo de pior ocorresse — e ocorreu.

A faísca que culminou em grandes tragédias foi abrolhada por 52 voluntários e mercenários da Crimeia, comandados por um fervoroso nacionalista russo (e ex-oficial de inteligência), Igor Girkin, conhecido como Igor Strelkov — que derivava de Strelok, palavra que significa "atirador", no idioma russo (GALEOTTI, 2019, p. 14).

Em 12 de abril de 2014, Strelkov liderou suas tropas, a fim de tomar a polícia local e os prédios das instituições governamentais, na cidade de Slovyansk (GALEOTTI, 2019, p. 15).

Caracterizou-se por ser um conflito abstruso, vez que envolvia várias efígies, como milícias do governo pró-Kiev e voluntários da

Rússia — com incentivo político, armas e orientações providenciados por Moscou. Destaca-se que os dois países acusaram-se, reciprocamente, de violações aos direitos humanos (GALEOTTI, 2019, p. 15).

Enquanto o conflito se grassava, cidades como Mariupol e Svyatokhirsk foram recapturadas pela Ucrânia.

Em maio de 2014, incentivadas por Strelkov, as autoproclamadas República Popular de Donetsk (DNR) e República Popular de Luhansk (LNR) achocalharam a independência da Ucrânia (GALEOTTI, 2019, p. 15). A meta, principalmente de Strelkov, era formar uma confederação, a ser cognominada como Novorossiya — "Nova Rússia" — com Igor Strelkov como ministro da Defesa (GALEOTTI, 2019, p. 15).

Contudo, Strelkov não obteve sucesso durante sua campanha, ao ser demitido em agosto do mesmo ano, tornando o devaneio de Novorossiya impraticável (GALEOTTI, 2019, p. 17).

Não obstante, a Rússia viu-se cada vez mais envolvida no conflito, aprovisionando soldados e unidades inteiras integradas por milícias insurgentes, especialmente, para prover capacidade ofensiva superior e forças mais disciplinadas (GALEOTTI, 2019, p. 17).

Apesar disso, as forças ucranianas reagiram e retomaram o controle de Slovyansk. Ato seguinte, foram aptas a cercarem Donetsk. Por esses motivos, Moscou se viu obrigada a aumentar seu investimento no conflito, enviando números maiores de tropas e armamentos para o campo de batalha.

Dessa forma, a guerra híbrida — na qual imperavam a desinformação, as operações políticas e outros meios não cinéticos — acabou (GALEOTTI, 2019, p. 17).

No lugar da guerra híbrida, instaurou-se, de uma vez por todas, o modelo de guerra convencional — mesmo que não oficialmente declarada.

Em momento posterior, as tropas de Kiev e as forças especiais provenientes da Rússia já se enfrentavam em conflitos armados e sangrentos, ainda que esporádicos (GALEOTTI, 2019, p. 17).

Com isso, os russos conseguiram interromper a retomada ucraniana, impondo uma vitória massacrante sobre estes em Ilovaisk.

Nesse local, estabeleceram um novo padrão, no qual os russos puderam contar com suas milícias, sem se envolver diretamente no conflito.

Apesar dos esforços empregados pelo Kremlin, os grupos especiais eram indisciplinados, mal armados e não possuíam os equipamentos necessários para um combate de longa duração.

Nesse contexto — de tropas pouco coesas e muito indisciplinadas — ocorreu uma tragédia sem precedentes.

Em 17 de julho de 2014, o voo MH17, da *Malaysia Airlines*, ao sobrevoar o espaço aéreo ucraniano, foi abatido, vitimando 298 civis, de várias nacionalidades.

O Boeing 777-200 (*Extended Range*) sofreu o ataque de um míssil, com fabricação russa. A aeronave cumpriria a rota entre o Aeroporto de Schiphol, Países Baixos, e o Aeroporto Internacional de Kuala Lumpur, Malásia[62].

Consecutivamente, as investigações concluíram que o Boeing 777-200ER foi deliberadamente abatido, por um míssil terra-ar, conhecido como *Buk*, de fabricação russa. O local exato de onde teria partido o míssil é incerto. Contudo, os destroços foram localizados perto dos vilarejos de Hrabove, Rozsypne e Petropavlivka, todos no leste da Ucrânia, preenchendo uma área total de 50 km², a 8,5 km de distância da última posição conhecida do voo (*Crash of Malaysia Airlines flight* MH17, 2015, p. 26).

Consecutivamente, o Tribunal Distrital de Haia condenou — pelo acórdão publicado em 17 de novembro de 2022 — à prisão perpétua os russos Igor Girkin (Strelkov), Sergei Dubinsky e o ucraniano Leonid Kharchenko.

Apesar disso, a Rússia não alvitrou disposição em entregá-los para as autoridades holandesas, território no qual ocorreu o julgamento e as respectivas condenações[63].

---

[62] **Crash of Malaysia Airlines flight MH17**. Dutch Safety Board. Haia, 13 out. 2015. Disponível em: https://www.onderzoeksraad.nl/en/page/3546/crash-mh17-17-july-2014. Acesso em: 1 mar. 2023.

[63] HOON, Marieke de. **Dutch Court, in Life Sentences:** Russia Had "Overall Control" of Forces in Eastern Ukraine Downing of Flight MH17. Just Security. Haia, 19 dez. 2022. Disponível em: https://www.justsecurity.org/84456/dutch-court-in-life-sentences-russia-had-overall-control-of-forces-in--eastern-ukraine-downing-of-flight-mh17/. Acesso em: 1 mar. 2023.

Destaca-se que o sentimento de pertencimento à Ucrânia aumentou consideravelmente, como consequência da invasão russa em Donbass e em outros importantes territórios ao leste (GALEOTTI, 2019, p. 19).

Esse aumento de pertencimento frustrou os planos do Kremlin de amedrontar e subjugar os ucranianos, porquanto a sua real intenção era promover uma extensa reforma militar nos territórios invadidos (GALEOTTI, 2019, p. 19).

No entanto, naquele momento, os ucranianos reverteram relevante parcela da população do leste para o seu lado, algo inédito e inimaginável a Kiev, em um passado não tão distante (GALEOTTI, 2019, p. 19).

O sentimento de luta aflorou no povo ucraniano e, recusando-se a aceitar os fatos, a Federação Russa continuou (e continua) a financiar, equipar, apoiar e treinar as suas tropas, que permanecem nas regiões mencionadas até os dias atuais.

Contudo, em um contexto de guerra, não há "vitória" a ser celebrada. Estima-se que os confrontos em Donbass — até 2018 — vitimaram, aproximadamente, 10 mil pessoas e culminaram em 2 milhões de refugiados ucranianos (GALEOTTI, 2019, p. 19).

Antes das hostilidades, a região de Donbass era, reconhecidamente, urbanizada, industrializada e correspondia por 15% do Produto Interno Bruto (PIB) da Ucrânia (GALEOTTI, 2019, p. 19). Além disso, satisfaziam 15% da população da Ucrânia (GALEOTTI, 2019, p. 19).

Sem embargo, Luhansk e Donetsk se encontram, hoje, em estado deplorável, com a economia, indústria e zonas urbanas agonizando, como consequência da guerra. Tornaram-se locais dependentes de Moscou, que oferece subsídios às áreas, de maneira sigilosa (GALEOTTI, 2019, p. 19).

Outrossim, a Ucrânia se viu forçada a dedicar cerca de 5% (cinco por cento) do seu PIB à defesa nacional (GALEOTTI, 2019, p. 19).

Em que pese o exposto, obteve sucesso em melhorar sua imagem ao Ocidente, alavancando seu *status* de vítima.

Ainda, clamou às potências militares ocidentais a auxiliarem nos investimentos em aparatos militares de defesa e contra-ataque, amenizando, significativamente, os dispêndios com os materiais de guerra (GALEOTTI, 2019, p. 19).

5.4 Invasão da Federação russa ao território ucraniano em 2022

Embora não seja possível analisar a guerra convencional entre os países fronteiriços de forma minuciosa, dado o curto período de distanciamento entre o início do conflito, em 2022, e a confecção do estudo, em 2023 — pouco mais de um ano e com a guerra ainda em andamento —, torna-se factível expor os balanços, as tonalidades e as consequências, presentes e futuras, na política, na sociedade e na economia da Rússia e da Ucrânia.

Na data de 24 de fevereiro de 2022, a Rússia investiu publicamente contra a Ucrânia, sob a justificativa de frear a expansão da Organização do Tratado do Atlântico Norte (OTAN), combater o nazismo naquele país e proteger a população russófona no leste do país[64].

Contrariando as argumentações arguidas pelo presidente russo, Vladimir Putin, quase um ano após o início da invasão, as inúmeras baixas são, mormente, da população russófona (civis), que vive nos territórios invadidos e nas áreas atacadas pelos russos.

Do mesmo lado, não cabe o discurso de "combater o nazismo", pois o Kremlin conserva estreita relação com grupos e lideranças ultranacionalistas, na Rússia e no exterior, *vide* os conflitos em Donbass e Crimeia, nos quais combatentes treinados e financiados pela Rússia invadiram o território ucraniano, sem portarem as insígnias oficiais do exército, mas com armamentos e uniformes guarnecidos pelos russos (GALEOTTI, 2019, p. 11). Os armamentos e equipamentos

---

[64] FERRARO, Vicente. A guerra na Ucrânia: Uma análise do conflito e seus impactos nas sociedades russa e ucraniana. **SciElo**, São Paulo, p. 3-24, 3 nov. 2022. Disponível em: https://preprints.scielo.org/index.php/scielo/preprint/view/4948/a-guerra-na-ucrania-impactos-na-politica-sociedade-economia-da-r. Acesso em: 28 fev. 2023.

de guerra empregados são correspondentes aos do exército russo, de última geração (GALEOTTI, 2019, p. 11).

De mais a mais, há claras revelações de que a Rússia financia esses grupos, invocando-os como "voluntários" (GALEOTTI, 2019, p. 15).

Evidencia-se a dificuldade do Kremlin em manter as tropas especiais, disciplinadas e sob o seu comando, conforme o abatimento do MH17, da *Malaysia Airlines* e a constante rotatividade nas lideranças desses grupos.

Superadas as falácias emanadas pelo alto comando político russo, passa-se a uma análise das verdadeiras causas e objetivos da invasão.

Desde o início, Putin aparentou — ao contrário do que se pensa — não querer, efetivamente, proteger os civis russófonos (FERRARO, 2022, p. 4).

É evidente que a invasão, por si só, não traduziria o sufrágio automático às prédicas de Moscou, apesar de as regiões do leste se identificarem como russos (FERRARO, 2022, p. 4).

A forte resistência empregada pela Ucrânia, nessas regiões, cominadas com os edificantes números de refugiados, é aspecto contraditório e não merece guarida.

Ora, a Rússia anseia proteger os russófonos, mas, nesse ínterim, promove ataques aptos a afetarem, predominantemente, os próprios russófonos? Não parece crível.

Desvendam a visão colonialista de Vladimir Putin e nacionalistas russos, que negam o direito de a Ucrânia existir como Estado soberano e nação (FERRARO, 2022, p. 24).

Ainda que se pudesse argumentar que, na região da Crimeia, houvesse, de fato, um sentimento de pertencimento russo — desde 1990 — nas regiões invadidas de Kherson e Zaporizhzhia, não existia nenhum movimento da população nesse sentido (FERRARO, 2022, p. 24).

Portanto, indubitavelmente, o sentimento separatista foi orquestrado por Moscou, que só precisava de um pequeno fermento, para colocar em prática algo idealizado em um passado não tão recente (FERRARO, 2022, p. 24).

Se antes de 2014 houve apoio contundente dos civis ucranianos russófonos à Rússia, após a invasão, o cenário mudou consideravelmente (FERRARO, 2022, p. 4).

A guerra pode alterar as posições ideológicas, políticas e identidades de um povo. Dessa forma, os habitantes, na sua maioria russófonos, passaram a apoiar a adesão da Ucrânia à OTAN.

Além disso, aumentou a popularidade de Volodymyr Zelensky e incentivou a adoção do idioma ucraniano, como língua oficial dessas regiões. Outrossim, depauperou a polarização histórica, entre o oeste — alinhado ao ocidente — e o leste — favorável à Rússia (FERRARO, 2022, p. 10-11).

Por outro lado, na Rússia, a guerra aflorou o sentimento de nacionalismo e contribuiu para a expansão da popularidade de Putin, que passou a obter apoio das elites russas — que aspiram por um regime de governo ainda mais rígido (FERRARO, 2022, p. 4).

Contudo, o alto custo dos conflitos e o seu prolongamento inesperado causaram sentimentos negativos de insatisfação, pela população do país (FERRARO, 2022, p. 4; 16).

Ademais, há constatadas ilegalidades dos referendos promovidos pela Rússia, em territórios ucranianos (FERRARO, 2022, p. 4). Dentre essas, a supervisão por autoridades não eleitas, especificamente instituídas pelas autoridades russas, a não realização de debates públicos e sob ocupação militar, o que leva a crer que grande parte da população estava fora dos territórios (FERRARO, 2022, p. 4).

5.4.1 As fases da guerra de 2022 a 2023 (atualmente)

Em um primeiro momento, as forças russas concentraram-se em derrubar o governo de Volodymyr Zelensky, de forma rápida e ágil, desferindo ataques por diversas regiões do território ucraniano.

Contudo, não obtiveram o resultado esperado, principalmente, no norte da Ucrânia e em Kiev, sendo certo que foram impelidas a recuarem dessas regiões, devido a forte resistência empregada pelos ucranianos, dificuldades logísticas e número reduzido de militares para uma invasão desse porte (FERRARO, 2022, p. 5).

Em que pese a vitória defensiva dos ucranianos no norte, Moscou obteve sucesso de ocupar relevantes regiões ao sul, como parte de Zaporizhzhia e Kherson (FERRARO, 2022, p. 5).

A conquista de Kherson satisfez uma promessa antiga de Putin[65], vez que se comprometeu a erradicar o problema de abastecimento de água doce ao local, adquirido desde a invasão russa em 2014.

Ato seguinte, houve retaliação dos ucranianos que cortaram, por meio das barragens localizadas ao norte do canal da Crimeia, no Rio Dnipro, o fornecimento de água à Península (BEAUBIEN, 2022).

No entanto, após dois dias de conflito, os russos explodiram a barragem que impedia a passagem da água, retomando o fornecimento de água ao local (BEAUBIEN, 2022).

Contudo, em uma contraofensiva realizada em 29 de agosto de 2022, a Ucrânia, retomou parte relevante de Kherson, frustrando os planos otimistas do Kremlin, que, por sua vez, esperava por uma guerra rápida e com mínima resistência dos ucranianos.

Os russos contavam, ainda, com maior adesão da população do leste, que, no passado, chegou a apoiar a Rússia, fato que não se concretizou[66].

Por isso, as tropas russas fugiram ao notarem a eminente derrota que estaria por vir, provocadas pela contraofensiva da Ucrânia, agora, com aparato militar fornecido pelas potências ocidentais.

---

[65] BEAUBIEN, Jason. **Russia has achieved at least 1 of its war goals**: return Ukraine's water to Crimea. NPR. 12 jun. 2022. Disponível em: https://www.npr.org/2022/06/12/1104418128/russia-ukraine-crimea-water-canal. Acesso em: 3 mar. 2023.

[66] Ucranianos festejam retomada da cidade de Kherson após retirada de tropas russas. **Jornal Nacional e G1**, 12 nov. 2022. Disponível em: https://g1.globo.com/jornal-nacional/noticia/2022/11/12/ucranianos-festejam-retomada-da-cidade-de-kherson-apos-retirada-de-tropas-russas.ghtml. Acesso em: 3 mar. 2023.

Ressalta-se que Kherson fazia parte das quatro regiões declaradas anexadas à Rússia, assim como Luhansk, Donetsk, Kherson e Zaporizhzhia. Foram caracterizadas, pelo presidente da Rússia, como áreas protegidas para sempre, conforme anunciado durante a cerimônia de anexação dessas regiões, no Kremlin[67].

A segunda fase da guerra é caracterizada pelo recuo das tropas russas das regiões ao norte, adjacentes a Kiev. Consequentemente, as tropas russas passaram a concentrar os esforços nas regiões de Luhansk e Donetsk (FERRARO, 2022, p. 6).

Por conseguinte, os russos obtiveram sucesso na ocupação da cidade portuária de Mariupol, restringindo o acesso ao mar de Azov aos ucranianos, e foram aptos a bloquear o Porto de Odessa — maior porto do Mar Negro — ceifando a possibilidade de acesso às águas internacionais via portos ucranianos (FERRARO, 2022, p. 6).

O cerceamento do acesso aos portos culminou no aumento do preço das *commodities* no mercado mundial, vez que a Ucrânia é uma relevante exportadora de grãos, milho, trigo e cevada, mundialmente reconhecida. Produz 42% do óleo de girassol no mundo, 16% do milho e 9% do trigo[68].

No entanto, apesar das conquistas relevantes, o objetivo maior, nesse segundo momento, não foi exitoso, vez que se tratava da conquista completa da região de Donbass. Contrariamente ao esperado, a Ucrânia conseguiu manter o controle efetivo sobre cidades relevantes de Donetsk (FERRARO, 2022, p. 6).

O terceiro momento da guerra, segundo o ilustríssimo e amplamente citado na presente obra, Vicente Ferraro (2022, p. 6), caracterizou-se pela contraofensiva da Ucrânia em inúmeras regiões.

Além de Kherson, destaca-se o bombardeio inédito à Crimeia, apto a destruir depósitos de armamentos e bases militares russas

---

[67] BERLINGER, Joshua; CHERNOVA, Anna; LISTER, Tim. Putin announces annexation of Ukrainian regions in defiance of international law. **CNN**, 30 set. 2022. Disponível em: https://edition.cnn.com/2022/09/30/europe/putin-russia-ukraine-annexation-intl/index.html. Acesso em: 3 mar. 2023.

[68] Guerra na Ucrânia: por que o mundo precisa dos grãos vendidos pelo país? **BBC News Brasil**, 22 jul. 2022. Disponível em: https://www.bbc.com/portuguese/internacional-62272076. Acesso em: 23 mar. 2023.

estabelecidas naquela região. Em momento posterior, na data de 8 de outubro de 2022, a ponte que era responsável por ligar o território russo à Península foi danificada, mediante explosão de um caminhão[69].

Surpreendendo a todos, os ucranianos foram aptos a contra-atacar diversas regiões anteriormente ocupadas pela Rússia, tais quais o nordeste (Kharkiv), o sul (Kherson e Crimeia) e o leste (Donetsk e Luhansk). A explicação do êxito nesses contra-ataques está diretamente ligada ao fornecimento de aparato militar pelas potências ocidentais, como os mísseis HIMARS e GMLRS, doados pelos EUA (FERRARO, 2022, p. 6).

Como resposta, o Kremlin voltou a bombardear todas as regiões da Ucrânia tendo, como principal alvo, as estações de energia, fato que prejudicou consideravelmente o fornecimento à população, levando Kiev a instituir o racionamento de energia em larga escala (FERRARO, 2022, p. 7). Com os bombardeios, estima-se que quase 30% das instalações relativas à infraestrutura do país foram comprometidas (FERRARO, 2022, p. 7).

Como a guerra ainda está em curso, não é possível discorrer sobre outros aspectos atinentes ao conflito. Por enquanto, essas ponderações são as que se destacam em relação à guerra russo-ucraniana.

---

[69] Ponte da Crimeia: o que aconteceu desde a explosão. **CNN**, 9 out. 2022. Disponível em: https://www.cnnbrasil.com.br/internacional/ponte-da-crimeia-o-que-aconteceu-desde-a-explosao/. Acesso em: 3 mar. 2023.

6

A GUERRA RUSSO-UCRANIANA DE 2014 A 2023

Como o objetivo maior deste trabalho é debater a possibilidade de condenações pelo Tribunal Penal Internacional, foi extremamente necessário expor o contexto histórico, esclarecer os rumos da guerra russo-ucraniana e comentar sobre os principais artigos do Estatuto de Roma. Caso contrário, não faria sentido algum comentar da guerra, sem antes evidenciar esses pontos primordiais que, agora, já são de conhecimento dos leitores.

6.1 Ucrânia e o movimento *Euromaidan*

A Ucrânia, até o momento, não ratificou o Estatuto de Roma, apesar dos inúmeros esforços despendidos por organizações de direitos humanos da sociedade civil e promessas públicas de Volodymyr Zelensky.

O país só se tornou signatário do instrumento constitutivo do TPI em 20 de janeiro de 2000, e não foi apto a formalizar sua participação como Estado-membro do Estatuto.

No entanto, clamou-se por uma modificação no panorama quando os protestos conhecidos como *Euromaidan* eclodiram, inicialmente, em cidades como Kiev, Lutsenko e Klitschko, deixando dezenas de feridos[70]. Os protestos ocorreram entre novembro de 2013 e fevereiro de 2014 (*The Maidan protest movement*).

Em janeiro de 2014, dois manifestantes foram mortos em confrontos com a polícia, culminando no aumento exponencial do

---

[70] **The Maidan protest movement**. Britannica. Disponível em: https://www.britannica.com/place/Ukraine/The-Maidan-protest-movement. Acesso em: 6 mar. 2023.

movimento, até mesmo, para regiões ao leste, historicamente ligadas à Rússia e alinhadas ao presidente Yanukovych. Como consequência, ainda em janeiro de 2014, o primeiro-ministro da Ucrânia, Mykola Azarov, renunciou ao cargo.

Em fevereiro de 2014, centenas de manifestantes foram colocados em liberdade e anistiados, como parte de um acordo entre as autoridades e a população civil que envolvia a desocupação dos prédios públicos pelos manifestantes (*The Maidan protest movement*).

O Parlamento tentou limitar os poderes do presidente, em claro esforço para acabar com as repressões violentas, contudo não obteve sucesso.

Em 18 de fevereiro de 2014, as batalhas nas ruas ficaram ainda mais intensas, visto que os policiais tinham claras ordens para retirar a população da Esplanada, com ou sem o uso da violência, desencadeando 20 mortes e centenas de feridos.

Os 25 mil manifestantes, que permaneciam na praça, incendiaram o acampamento com fogueiras, em uma desesperada tentativa de evitar outro ataque pelas forças públicas (*The Maidan protest movement*).

Com a crescente escalada do conflito, registraram-se protestos em Lviv e Ivano-Frankivsk, ambas no oeste, nos quais os manifestantes ocuparam edifícios governamentais, preocupando a União Europeia, que prometeu a imposição de sanções para o país, caso as constantes repressões não fossem cessadas.

Apesar das ameaças de sanções, não houve nenhuma pacificação, levando a um dos dias mais obscuros da história da Ucrânia, 20 de fevereiro de 2014.

Nessa data, policiais e forças de segurança do governo atiraram deliberadamente em direção aos civis, resultando na morte de incontáveis pessoas e centenas de feridos (*The Maidan protest movement*). Tais atrocidades resultaram na imposição de sanções contra a Ucrânia, pela União Europeia, que cumpriu com a promessa anterior.

A sociedade civil da Ucrânia não se acovardou, vez que ocuparam delegacias de polícia e escritórios públicos nas cidades de

Lutsk, Uzhhorod e Ternopil, inviabilizando as instituições públicas da Ucrânia ocidental.

O período mais nefasto da história da Ucrânia no século XXI, até então, cessou-se em 21 de fevereiro de 2014, por um acordo celebrado entre Yanukovych e líderes da oposição do Parlamento, mediante a realização de eleições antecipadas, assim como a composição de um governo interino enquanto não realizados os pleitos.

Ato seguinte, o Parlamento aprovou, pela maioria esmagadora dos votos, a reforma da Constituição de 2004, que limitou, consideravelmente, a autonomia da Presidência.

Em votações posteriores, aprovou a anistia total aos manifestantes, a demissão do ministro de Assuntos Internos, Vitaliy Zakharchenko — por emanar ordens com o intuito de reprimir as manifestações —, e descriminalizou as condutas que culminaram na prisão de Yulia Tymoshenko, ex-primeira-ministra do país, que exercera papel preponderante durante as reivindicações.

Ato seguinte, nomeou Olexsandr Turchynov como presidente interino, sob reprovações de Yanukovych, que, por sua vez, alegava que sofrera um golpe de Estado.

Em 24 de fevereiro de 2014, o governo interino denunciou Viktor Yanukovych por homicídio em massa, emitindo mandado de prisão em desfavor do ex-presidente (*The Maidan protest movement*).

O Parlamento ucraniano, após a deposição do ex-presidente, depositou, em 17 de abril de 2014, declaração assentindo com a jurisdição *ad hoc* do Tribunal Penal Internacional, para investigar possíveis crimes contra a humanidade, perpetrados pela administração de Yanukovych, nos termos do artigo 12 (3), do Estatuto de Roma[71].

Como já frisado, os Estados que não fazem parte do Estatuto de Roma têm a opção de aceitar a jurisdição do TPI, caso façam uma declaração por escrito, depositada junto ao secretário, consentindo

---

[71] KERSTEN, Mark. After all this time, why has Ukraine not ratified the Rome Statute of the International Criminal Court? **Justice in Conflict**, mar. 2022. Disponível em: https://justiceinconflict.org/2022/03/14/after-all-this-time-why-has-ukraine-not-ratified-the-rome-statute-of-the-international-criminal-court/. Acesso em: 6 mar. 2023.

que o tribunal exerça a sua competência, em relação aos crimes contra a humanidade em questão.

Portanto, houve a solicitação, do Parlamento, para investigar os crimes cometidos em território ucraniano, de 21 de novembro de 2013 a 22 de fevereiro de 2014 (KERSTEN, 2022).

Ato seguinte, em 25 de abril de 2014, o procurador do Tribunal Penal Internacional anunciou o início das investigações. Todavia, concluiu que não houve a prática de crime contra a humanidade, devido à falta de provas de que tais crimes foram cometidos como parte de um ataque generalizado, ou sistemático, contra a população civil[72], conforme reverbera o artigo 7.º, *caput*, do Estatuto de Roma. Em decorrência disso, não prosseguiram com as investigações dos protestos (KERSTEN, 2022).

6.2 Relatório preliminar ante as invasões russas

Frisa-se que nem Rússia e nem Ucrânia são Estados-partes do Estatuto de Roma.

Contudo, a Ucrânia aceitou a jurisdição *ad hoc* da Corte, por meio do depósito de duas declarações, em distintas datas: (i) em 17 de abril 2014, com relação aos crimes contra a humanidade, supostamente cometidos entre 21 de novembro de 2013 a 22 de fevereiro de 2014, pelas repressões violentas a mando do ex-presidente Viktor Yanukovych, contra os manifestantes do movimento *Euromaidan*; e (ii) em 2015, referente à anexação da Península da Crimeia e às investidas no leste do país, ambas perpetradas pelos russos[73].

Com relação à primeira declaração, a procuradora do TPI não achou necessário maiores investigações, visto que foi realizada com limitação temporal e desprovida de provas robustas (KERSTEN, 2022).

---

[72] Report on Preliminary Examination Activities. **International Criminal Court** (The Office of the Prosecutor), 12 nov. 2015. Disponível em: https://www.icc-cpi.int/sites/default/files/iccdocs/otp/OTP-PE-rep-2015-Eng.pdf. Acesso em: 8 mar. 2023.

[73] MARCHUK, Iryna e WANIGASURIYA, Aloka. **The ICC and the Russia-Ukraine War**. American Society of International Law, v. 26, ed. 4, p. 2-6, jul. 2022. Disponível em: https://www.asil.org/insights/volume/26/issue/4. Acesso em: 6 mar. 2023.

No que concerne à segunda solicitação da Ucrânia, depositada em 8 de setembro de 2015, junto ao secretário do TPI, as investigações amparam os supostos crimes cometidos a partir de 20 de fevereiro de 2014, justamente por não delimitar um período específico para o exercício da jurisdição do TPI[74]. Portanto, servirá, inclusive, para os crimes cometidos durante a invasão de 2022.

Ressalta-se que os crimes de agressão exigem, para que o TPI possa exercer as investigações, o envolvimento dos Estados-partes e demandam a ratificação das Emendas de Kampala[75].

Por conta da publicação do relatório preliminar, disponibilizado pela ex-procuradora, Fatou Bensouda, em 2016, a Federação Russa retirou a assinatura simbólica ao Estatuto de Roma[76] (MARCHUK; WANIGASURIYA, 2022, p. 2).

Contudo, não há que se falar em óbice da Procuradoria de exercer as investigações. Nada impede que a jurisdição do TPI seja acionada ante aos crimes de genocídio, crimes de guerra e crimes contra a humanidade.

Imperioso ressaltar que, por conta da segunda declaração depositada pelos ucranianos, o TPI tem jurisdição para processar quaisquer indivíduos — incluindo cidadãos russos — que cometeram as condutas de jurisdição do tribunal em território ucraniano (MARCHUK; WANIGASURIYA, 2022, p. 3). Só não se aplicará, evidencia-se, aos crimes de agressão.

O relatório preliminar sobre a situação na Ucrânia findou-se em dezembro de 2020, oportunidade em que Fatou Bensouda declarou que existiriam indícios de crimes de guerra e crimes contra a

---

[74] **Ukraine accepts ICC jurisdiction over alleged crimes committed since 20 February 2014.** 8 set. 2015. Disponível em: https://www.icc-cpi.int/news/ukraine-accepts-icc-jurisdiction-over-alleged-crimes-committed-20-february-2014. Acesso em: 7 mar. 2023.

[75] **Resolution on the Activation of the jurisdiction of the Court over the crime of aggression.** ICC-ASP/16/Res.5. 12 dez. 2014. Disponível em: https://asp.icc-cpi.int/sites/asp/files/asp_docs/Resolutions/ASP16/ICC-ASP-16-Res5-ENG.pdf. Acesso em: 7 mar. 2023.

[76] **Statement by the Russian Foreign Ministry.** 16 nov. 2015. Disponível em: https://archive.mid.ru/en/foreign_policy/news/-/asset_publisher/cKNonkJE02Bw/content/id/2523566. Acesso em: 7 mar. 2023.

humanidade, perpetrados no contexto da anexação da Crimeia e pela invasão ao leste da Ucrânia[77]. Portanto, os requisitos para o início das investigações estariam preenchidos.

Contudo, Bensouda deixou a requisição para abertura das investigações à Câmara de Pré-Julgamento, à custa do procurador Karim Khan, em virtude da proximidade do encerramento do seu mandato (*Statement of the Prosecutor, Fatou Bensouda, on the conclusion of the preliminary examination in the situation in Ukraine*, 2020).

6.3 Conflito Armado Internacional de 2022

Com a invasão em larga escala, promovida pela Federação Russa em 2022, o cenário do conflito modificou-se drasticamente, sendo denominado como Conflito Armado Internacional (CAI).

Por isso, o atual procurador do TPI, Karim Ahmad Khan, anunciou, em 28 de fevereiro de 2022, a intenção de buscar autorização para abertura das investigações, com fulcro no relatório preliminar da ex-procuradora do TPI[78].

Contudo, em 1 de março de 2022, o procurador recebeu denúncias de 39 Estados-partes, as quais indicavam indícios do cometimento de crimes sob jurisdição do TPI. Ainda, os 39 países solicitaram a abertura das investigações[79], nos termos do artigo 14, do Estatuto de Roma.

Com as denúncias encaminhadas, dispensou-se a aprovação da abertura das inquisições pela Câmara de Pré-Julgamento, vez que o Estatuto reverbera a prerrogativa do procurador de iniciar as

---

[77] **Statement of the Prosecutor, Fatou Bensouda, on the conclusion of the preliminary examination in the situation in Ukraine.** Haia: International Criminal Court, 11 dez. 2020. Disponível em: https://www.icc-cpi.int/news/statement-prosecutor-fatou-bensouda-conclusion-preliminary--examination-situation-ukraine. Acesso em: 7 mar. 2023.

[78] **Situation in Ukraine - Jurisdiction in the general situation.** Haia: International Criminal Court – ICC 1/22, 2022. Disponível em: https://www.icc-cpi.int/ukraine. Acesso em: 7 mar. 2023.

[79] **Statement of ICC Prosecutor, Karim A.A. Khan, on the Situation in Ukraine:** Receipt of Referrals from 39 States Parties and the Opening of an Investigation. Haia: International Criminal Court, 2 mar. 2022. Disponível em: https://www.icc-cpi.int/news/statement-icc-prosecutor-karim--aa-khan-qc-situation-ukraine-receipt-referrals-39-states. Acesso em: 7 mar. 2023.

investigações *motu proprio*, quando houver solicitação pelo Estado-membro, nos termos do artigo 14, do Estatuto de Roma (Decreto n.º 4.388, 2002).

> Art. 14: Qualquer Estado Parte poderá denunciar ao Procurador uma situação em que haja indícios de ter ocorrido a prática de um ou vários crimes da competência do Tribunal e solicitar ao Procurador que a investigue, com vista a determinar se uma ou mais pessoas identificadas deverão ser acusadas da prática desses crimes.

Muitas denúncias foram apregoadas por organizações internacionais de direitos humanos — como pela Comissão de Inquérito sobre a Ucrânia, criada pelo Conselho de Direitos Humanos das Nações Unidas em Genebra e pela *Human Rights Watch* —, as quais indicam o cometimento de crimes contra a humanidade. Dentre estes, ataques intencionais e indiscriminados contra civis e infraestruturas — edifícios residenciais, jardins de infância, escolas, hospitais, maternidades, estações de água e redes de eletricidade [80] —, bem como o uso de armas proibidas — como bombas de fragmentação e bombas de fósforo[81].

Circularam imagens e importantes relatos de testemunhas das áreas ocupadas, no Oblast de Kiev — em particular Bucha —, onde as ruas foram inundadas por corpos de civis. Estima-se que mais de 400 corpos de homens, mulheres e crianças — mutilados e/ou queimados — foram identificados[82]. Outrossim, corpos com sinais de tortura e violência sexual foram encontrados.

---

[80] **Hospital Bombed and Apartments Destroyed:** Mapping Incidents of Civilian Harm in Ukraine. Bellingcat Investigation Team. 17 mar. 2022. Disponível em: https://www.bellingcat.com/news/2022/03/17/hospitals-bombed-and-apartments-destroyed-mapping-incidents-of-civilian-harm-in-ukraine/. Acesso em: 7 mar. 2023.

[81] **Ukraine:** Executions, Torture During Russia Occupation. Human Rights Watch. Kiev, 18 mar. 2022. Disponível em: https://www.hrw.org/news/2022/05/18/ukraine-executions-torture-during-russian-occupation. Acesso em: 7 mar. 2023.

[82] **Bucha killings raise 'serious' questions about possible war crimes:** Bachelet. United Nations News. 4 abr. 2022. Disponível em: https://news.un.org/en/story/2022/04/1115482. Acesso em: 7 mar. 2023.

Ainda sobre os confrontos em Bucha, a ex-procuradora-geral da Ucrânia, Iryna Venediktova, declarou, em 28 de abril de 2022, que a Ucrânia identificou mais de 8 mil crimes de guerra, incluindo homicídios indiscriminados de civis, bombardeios de infraestruturas civis, tortura e crimes sexuais, perpetrados pelos russos[83].

Para o fim de atualização dos números, em fevereiro de 2023, o atual procurador-geral da Ucrânia, Andriy Kostin, afirmou que as autoridades ucranianas registraram mais de 65 mil crimes de guerra desde o começo da invasão[84]. Kostin complementou, ainda, que mais de 75 mil edifícios, incluindo casas, escolas e hospitais, foram destruídos e reduzidos a escombros (MACIAS, 2023).

Contudo, o conflito está em curso, não sendo possível afirmar com exatidão os números absolutos.

Ao recuarem de Kiev (abril de 2022), as tropas russas deixaram rastros de atrocidades praticadas contra civis.

Inúmeras imagens chocantes foram veiculadas pela mídia internacional.

As cenas de corpos queimados, com roupas casuais, deitados nas ruas dos subúrbios das cidades ucranianas preocuparam a comunidade internacional.

Adicionalmente, as autoridades descobriram a presença de covas clandestinas rasas, contendo corpos de civis ucranianos, que morreram por conta da guerra (SAUER; TONDO, 2022).

---

[83] SAUER, Pjotr; TONDO, Lorenzo. **Ukraine names 10 Russian soldiers in alleged human rights abuses in Bucha.** The Guardian. Kiev, 28 abr. 2022. Disponível em: https://www.theguardian.com/world/2022/apr/28/ukraine-names-10-russian-soldiers-in-alleged-human-rights-abuses-in-bucha. Acesso em: 8 mar. 2023.

[84] MACIAS, Amanda. **Russia has committed more than 65,000 war crimes in Ukraine, prosecutor general says.** CNBC. Washington, 1 fev. 2023. Disponível em: https://www.cnbc.com/2023/02/01/ukraine-russia-war-65000-war-crimes-committed-prosecutor-general-says.html#:~:text=Investing%20Club-,Russia%20has%20committed%20more%20than%2065%2C000,in%20Ukraine%2C%20prosecutor%20general%20says&text=Ukraine's%20Prosecutor%20General%20Andriy%20Kostin,began%20nearly%20a%20year%20ago. Acesso em: 8 mar. 2023.

Stanislav Kozynchuk[85], vice-diretor da Procuradoria da região de Kiev, declarou que os investigadores estão em contato direto com as vítimas sobreviventes, na tentativa de identificarem os autores das atrocidades.

Da mesma parte, o Ministério da Defesa da Ucrânia afirmou ter identificado a 64.ª Brigada de Fuzileiros Motorizados da Rússia, sediada na região de Khabarovsk, na costa do Pacífico, como a unidade invasora de Bucha, divulgando nomes, patentes e passaportes de todos os militares da brigada (SANTOS, 2022).

De mais a mais, a 64.ª Brigada recebeu, em abril de 2022, título honorário concedido por Vladimir Putin, que exaltou o "grande heroísmo e coragem" dos homens que "protegeram a soberania e interesses nacionais da Rússia" (SANTOS, 2022).

Infelizmente, os relatos das atrocidades pelas forças russas não pararam.

Em Mariupol e algumas regiões contíguas ocupadas pelas forças russas, identificaram o empreendimento de crimes de guerra em larga escala contra a população civil[86]. Ademais, evidenciou-se a prática de crimes sexuais contra as mulheres ucranianas — como estupro e violência sexual (*Ukraine: Apparent War Crimes in Russia-Controlled Areas*, 2022).

Severas acusações contra o exército da Federação Russa repercutiram na mídia internacional e confirmadas pelas autoridades ucranianas. Houve um ataque aéreo que atingiu um complexo hospitalar em Mariupol, culminando na perplexidade explícita, eivada pela comunidade internacional[87].

---

[85] SANTOS, Joana Raposo. **Bucha.** Ucrânia nomeia dez militares russos envolvidos em alegadas violações dos Direitos Humanos. RTP Notícias. 29 abr. 2022. Disponível em: https://www.rtp.pt/noticias/mundo/bucha-ucrania-nomeia-dez-militares-russos-envolvidos-em-alegadas-violacoes-dos-direitos-humanos_n1401641. Acesso em: 8 mar. 2023.

[86] **Ukraine:** Apparent War Crimes in Russia-Controlled Areas. Humans Rights Watch. Varsóvia, 3 abr. 2022. Disponível em: https://www.hrw.org/news/2022/04/03/ukraine-apparent-war-crimes-russia-controlled-areas. Acesso em: 7 mar. 2023.

[87] LOPEZ, Jaime; WORTHINGTON, Brady. **The ICC Investigates the Situation in Ukraine:** Jurisdiction and Potential Implications. Lawfare. 10 mar. 2022. Disponível em: https://www.lawfareblog.com/icc-investigates-situation-ukraine-jurisdiction-and-potential-implications. Acesso em: 9 mar. 2023.

Ademais, acusações dão conta de que as forças do Kremlin impediram a evacuação de civis, ao longo dos corredores designados nas cidades sitiadas em todo o país, culminando, por diversas vezes, na interrupção da evacuação destes (LOPEZ; WORTHINGTON, 2022).

As imagens estarrecedoras em Bucha levaram o presidente ucraniano, Volodymyr Zelensky, a acusar a Rússia de genocídio e a afirmar que os ataques visavam ao extermínio do povo ucraniano como grupo nacional[88].

Ressalta-se que a Ucrânia investigou e apresentou dez acusações contra soldados russos por crimes de guerra, alegadamente cometidos em Bucha. Desses dez, julgaram e condenaram três soldados, um acusado de homicídio e dois acusados de dispararem mísseis de artilharia contra o território ucraniano[89].

Todavia, o sistema judicial ucraniano não consegue identificar, investigar, julgar, punir, ou absolver, e executar as penas dos supostos criminosos, em consonância com as normas internacionais processuais e de direitos humanos[90].

Desde o começo da primeira invasão russa de larga escala, em 24 de fevereiro de 2022, surgiram sérias revelações relacionadas ao cometimento de ataques aéreos, por drones e mísseis, perpetrados pelas forças russas, e em vários locais densamente povoados. Tal fato ensejou no crescimento dos números de civis ucranianos mortos e/ou feridos, pelos ataques indiscriminados e aleatórios, perpetrados pelo exército russo.

Conforme o Escritório do Alto Comissário das Nações Unidas para os Direitos Humanos (ACNUDH), a guerra vitimou, aproximada-

---

[88] Zelensky accuses Russia of genocide in Ukraine. **CNN World**, 4 abr. 2022. Disponível em: https://edition.cnn.com/videos/world/2022/04/04/ukraine-russia-zelensky-genocide-bucha-nr-vpx.cnn. Acesso em: 7 mar. 2023.

[89] POLITYUK, Pavel. **Two Russian soldiers plead guilty in new war crimes trial in Ukraine**. Reuters. Kiev, 26 maio 2022. Disponível em: https://www.reuters.com/world/europe/two-russian-soldiers-plead-guilty-new-war-crimes-trial-ukraine-2022-05-26/. Acesso em: 9 mar. 2023.

[90] **Ukraine**: "Anyone can die at any time": Indiscriminate attacks by Russian forces in Kharkiv, Ukraine. Amnesty International. 13 jun. 2022. Disponível em: https://www.amnesty.org/en/documents/eur50/5682/2022/en/. Acesso em: 9 mar. 2023.

mente, 8.836 civis ucranianos e deixou 14.985 civis feridos[91] — desde a invasão russa perpetrada em 24 de fevereiro de 2022 —, números atualizados, referentes ao mês de maio de 2023.

Comprova-se o alegado pelas notícias veiculadas pela mídia internacional, em 9 de março de 2023, nas quais as autoridades militares da Ucrânia revelaram preocupação com os ataques contra o território da Ucrânia, pois o Kremlin empregou armamentos de alta tecnologia, não utilizados na guerra até o momento[92].

Os ataques massivos, por meio de mísseis e drones, atingiram as cidades de Kiev, Lviv, Dnipro, Odesa, Kharkiv e Zaporizhzhia (PICHETA, 2023). Ao todo, 81 mísseis foram emanados contra as infraestruturas ucranianas (PICHETA, 2023).

Vale ressaltar que a Rússia, empregou seis mísseis balísticos, denominados *Kinzhal* (PICHETA, 2023). Esse tipo de armamento é altamente capaz de transpassar as defesas aéreas ucranianas, não permitindo a identificação pelos sistemas de defesa e, consequentemente, não possibilitando aos sistemas de defesa abaterem os *Kinzhal*, segundo o porta-voz do Comando da Força Aérea da Ucrânia, Yurii Ihnat (PICHETA, 2023).

Os ataques promovidos pelo Kremlin, ao longo da noite de 9 de março de 2023, feriram 20 e mataram 11 pessoas, é o que apontam as investigações preliminares, realizadas pelas autoridades locais (PICHETA, 2023).

Ademais, danos nas estruturas civis — como prédios residenciais e três carros — foram constatados (PICHETA, 2023). Os bombeiros ainda procuram por eventuais feridos ou mortos, portanto os números poderão sofrer significativas alterações (PICHETA, 2023).

---

[91] **Ukraine:** civilian casualty update 15 May 2023. United Nations Human Rights. Office of the High Commissioner for Human Rights. 15 maio 2023. Disponível em: https://www.ohchr.org/en/news/2023/05/ukraine-civilian-casualty-update-15-may-2023. Acesso em: 16 de maio de 2023.

[92] PICHETA, Rob. Russia pummels Ukraine with array of high-tech weaponry in nationwide assault. **CNN,** 9 mar. 2023. Disponível em: https://edition.cnn.com/2023/03/09/europe/ukraine-russia-missile-attack-kinzhal-intl/index.html. Acesso em: 9 mar. 2023.

De mais a mais, as impressionantes retóricas do Kremlin e da mídia russa expressam contrariedade em reconhecer a existência da Ucrânia como nação.

Os malabarismos retóricos, cominados com os excessos desenfreados das forças russas, nos territórios ocupados, podem sugestionar a existência do cometimento de crime de genocídio (MARCHUK; WANIGASURIYA, 2022, p. 3).

Ademais, com os discursos da imprensa russa e do Kremlin alinhados, alguns equívocos foram tratados como verdades.

Muitas críticas surgiram, emanadas por meio das autoridades russas e da imprensa, pela atuação da Procuradoria do TPI, e, em sua grande maioria, não correspondem com a verdade.

Exemplifica-se pela ideia disseminada de que o procurador estava investigando, somente, as forças russas e/ou grupos separatistas pró-russos.

Desmente-se o alegado, pelo fato de o Estatuto de Roma reverberar que todas as partes envolvidas em conflitos serão investigadas. Ou seja, não admitem investigações enviesadas, ou direcionadas, somente para um dos países.

O artigo 54, do Estatuto de Roma, estabelece que:

> O Procurador deverá: a fim de estabelecer a verdade dos fatos, alargar o inquérito a todos os fatos e provas pertinentes para a determinação da responsabilidade criminal, em conformidade com o presente Estatuto e, para esse efeito, investigar, de igual modo, as circunstâncias que interessam quer à acusação, quer à defesa (Decreto n.º 4.388, 2002).

Acontece que os crimes de guerra praticados pelas forças russas são amplamente maiores aos cometidos pelas ucranianas.

Constataram-se algumas práticas ilegais, contra prisioneiros de guerra da Rússia, contudo não há como traçar comparações com as ilegalidades perpetradas pelas forças russas.

Confirma-se, ainda, a imparcialidade da Procuradoria, pelo Relatório Preliminar divulgado em 2019, §278, que destaca a jurisdição quanto aos fatos atinentes à Ucrânia Oriental e à Península da Crimeia, a qual examinou as nuances no contexto do conflito e as hostilidades cometidas por ambos os países envolvidos[93].

Examinaram, da mesma forma, as denúncias disponíveis, com relação aos combatentes russos, ora prisioneiros, incluindo detenções arbitrárias, execuções sumárias de soldados em campos de batalha, maus-tratos, tortura, estupro e outras formas de violência sexual (*Report on Preliminary Examination Activities*, 2019, p. 70).

Salienta o cometimento maior desses crimes graves pelas entidades antigovernamentais armadas da República Popular de Luhansk e da República Popular de Donetsk (MARCHUK; WANIGASURIYA, 2022, p. 4).

Não há perspectiva de mudança do cenário, para a invasão de larga iniciada em 2022 e ainda em curso. Os relatos e as imagens fornecidos pelas organizações de direitos humanos apontam uma suposta predominância russa, na prática desses crimes (MARCHUK; WANIGASURIYA, 2022, p. 4).

No entanto, destaca-se que as forças ucranianas cometeram crimes em menor escala e menos reiterados, quando comparadas às forças russas, e, na esmagadora maioria, contra os prisioneiros de guerra russos[94].

Todavia, as investigações dessas condutas são penosas, pelo acesso limitado à mídia, o que pode significar menos notificações. Sendo assim, o cenário pode ser muito pior do que o que se tem conhecimento até o momento.

---

[93] **Report on Preliminary Examination Activities**. The Office of Prosecutor. 5 dez. 2019, p. 70. Disponível em: https://www.icc-cpi.int/sites/default/files/itemsDocuments/191205-rep-otp-PE.pdf. Acesso em: 8 mar. 2023.

[94] BOFFEY, Daniel. **UN official concerned over videos showing apparent abuse of PoWs in Ukraine**. The Guardian. Lviv, 29 mar. 2022. Disponível em: https://www.theguardian.com/world/2022/mar/29/un-official-concerned-over-videos-showing-apparent-abuse-of-pows-in-ukraine. Acesso em: 8 mar. 2023.

Imperioso ressaltar que a Comissão e o Parlamento da União Europeia procuram, desde novembro de 2022, diferentes opções para garantir que os criminosos russos fossem julgados pelos crimes de agressão cometidos na Ucrânia[95]. Os processos tramitariam por um tribunal criado especificamente para julgar os crimes de agressão, contudo não há nada formalizado.

Da mesma parte, em fevereiro de 2023, a Comissão Europeia anunciou a criação de um centro específico para a coleta de provas, referentes aos crimes de agressão, com investigadores dedicados somente à guerra russo-ucraniana, a partir de julho de 2023, em Haia, Países Baixos.

Em março de 2023, o Centro Internacional para a Acusação do Crime de Agressão foi oficializado por meio da Conferência pela Justiça na Ucrânia, em Lviv. As autoridades ucranianas organizaram a conferência, entre 3 e 5 de março, reunindo expressiva participação dos Estados interessados na garantia da responsabilização pelos crimes internacionais supostamente cometidos na Ucrânia.

Como um dos principais resultados, os sete países integrantes da equipe de investigação conjunta (Ucrânia, Lituânia, Polônia, Estônia, Latvia, Eslováquia e Romênia), apoiada pela Eurojust, decidiram alterar o acordo anteriormente estabelecido, com o condão de refletir o futuro papel do Centro Internacional de Acusação do Crime de Agressão (CIACA)[96].

Necessária breve explicação sobre a Eurojust. Criada em 2002, é um órgão da União Europeia (UE) e a sua finalidade é estimular a cooperação entre as autoridades judiciárias dos Estados-membros da UE. Os membros da UE são competentes para investigarem

---

[95] DA SILVA, Isabel Marques. **Como criar um tribunal especial para julgar o crime de agressão da Rússia.** Euronews. 23 fev. 2023. Disponível em: https://pt.euronews.com/my-europe/2023/02/22/como-criar-um-tribunal-especial-para-julgar-o-crime-de-agressao-da-russia. Acesso em: 8 mar. 2023.

[96] **International Centre for the Prosecution of the Crime of Aggression made official at United for Justice Conference in Ukraine.** 5 mar. 2023. Disponível em: https://www.eurojust.europa.eu/news/international-centre-prosecution-crime-aggression-made-official-united-justice-conference. Acesso em: 8 mar. 2023.

e requisitarem o início das ações penais relacionadas aos crimes internacionais graves.

Deverá responder aos pedidos das autoridades competentes de um Estado-membro e atender às informações requisitadas pelos órgãos competentes — por força das disposições elencadas no quadro de Tratados (Rede Judiciária Europeia em matéria penal, Europol e OLAF, Organismo Europeu de Luta Antifraude)[97].

O CIACA será parte integrante da estrutura de apoio existente na Eurojust e da equipe de investigação conjunta na Ucrânia, garantindo o alinhamento ideal entre as investigações de crimes internacionais e os crimes de agressão (*International Centre for the Prosecution of the Crime of Aggression made official at United for Justice Conference in Ukraine*, 2023).

Por sua recente concepção, os detalhes referentes à implementação estão sendo debatidos — até a confecção deste estudo.

Contudo, algumas informações dão conta de que os procuradores que trabalham no CIACA estarão baseados na Eurojust, enquanto continuarão a desempenhar suas funções nas respectivas investigações domésticas, consoante à lei nacional de cada país (*International Centre for the Prosecution of the Crime of Aggression made official at United for Justice Conference in Ukraine*, 2023).

---

[97] **Eurojust.** European Justice. 8 dez. 2021. Disponível em: https://e-justice.europa.eu/23/PT/eurojust. Acesso em: 8 mar. 2023.

7

O TRIBUNAL PENAL INTERNACIONAL DIANTE DOS CRIMES DA GUERRA RUSSO-UCRANIANA

O TPI pretende, proeminentemente, processar aqueles indivíduos com alto grau de culpabilidade, pela prática dos crimes definidos no Estatuto de Roma.

Tudo leva a crer que serão processados os indivíduos relacionados à conjuntura na Ucrânia, principalmente, integrantes do alto comando das forças russas e das forças separatistas pró-Rússia — sobretudo, na República Popular de Luhansk e na República Popular de Donetsk.

As investigações formais do Tribunal Penal Internacional, na Ucrânia, começaram há pouco mais de um ano.

Durante esse período, inúmeras e constantes denúncias acerca de possíveis crimes foram veiculadas. Na maioria esmagadora das vezes, perpetrados pelas forças russas, tais como crimes de tortura, execução, violência sexual, sequestro e ataques a civis e às instalações civis.

Embora as informações públicas a respeito da tramitação das investigações sejam, compreensivelmente, limitadas, torna-se factível especular os possíveis rumos aproados pelo TPI, com base em relatórios públicos disponibilizados e na atuação em ocorrências anteriores, nas quais o tribunal exerceu sua jurisdição.

É de suma importância avaliar a concepção de um tribunal na Ucrânia, com a função específica de julgar os acusados de crimes de agressão, vez que esta não ratificou o Estatuto de Roma e as Emendas de Kampala.

Ademais, os atributos mais relevantes das investigações, promovidas pelo Gabinete da Procuradoria, atualmente, são: o amplo acesso aos locais esquadrinhados, os vastos recursos financeiros e o fornecimento de apoio técnico. Indubitavelmente, dispõe de mais artifícios que qualquer outro órgão internacional, ligado aos direitos humanos internacionais.

Em casos anteriores, como no Sudão, Líbia, Palestina, Burundi, Mianmar e Filipinas, é certo que a Procuradoria não desfrutou do amplo acesso aos territórios investigados[98] e enfrentou obstáculos expressivos, para sacramentar as perquirições *in loco* (BOSCO, 2022).

Contudo, na presente situação, o procurador do TPI, Karim Khan, já visitou a Ucrânia, em inúmeras oportunidades.

Em abril de 2022, realizou uma visita à Bucha, quando acabara de ser liberta pelas forças ucranianas, e constatou a presença de valas comuns (BOSCO, 2022).

Além disso, ouviu as vítimas e as autoridades locais em primeira mão, as quais dispuseram a oportunidade de relatar as atrocidades supostamente cometidas pelas forças russas (BOSCO, 2022).

Em junho de 2022, Khan viajou para Kharkiv e realizou tertúlias com os ministros do governo ucraniano (BOSCO, 2022).

Por conseguinte, o procurador ressaltou a cooperação do expressivo número de integrantes da sua equipe, composta por 42 indivíduos capacitados, dentre os quais investigadores, peritos forenses e pessoal de apoio. O grupo diligenciou ao território ucraniano, e Khan expressou sua satisfação, referindo-se como "a maior mobilização de campo do Gabinete desde a sua criação[99]".

---

[98] BOSCO, David. **The ICC's Impact in Ukraine**. Lawfare. 27 out. 2022. Disponível em: https://www.lawfareblog.com/iccs-impact-ukraine. Acesso em: 9 mar. 2023.

[99] **ICC Prosecutor Karim A.A. Khan QC announces deployment of forensics and investigative team to Ukraine, welcomes strong cooperation with the Government of the Netherlands**. ReliefWeb (provided by OCHA). 17 maio 2022. Disponível em: https://reliefweb.int/report/ukraine/icc-prosecutor-karim-aa-khan-qc-announces-deployment-forensics-and-investigative-team-ukraine-welcomes-strong-cooperation-government-netherlands. Acesso em: 9 mar. 2023.

A oportunidade das visitas *in loco*, pela equipe de 42 membros do Gabinete e o avanço das tropas ucranianas, que objetivam retomar as cidades ocupadas, é única para a coleta de evidências e constatações do cometimento dos crimes sob jurisdição do TPI (BOSCO, 2022). Em algumas regiões, a velocidade da retirada das tropas do Kremlin limitou a capacidade dos invasores de destruírem evidências e encobrirem atrocidades (BOSCO, 2022).

Além do exposto, é palpável afirmar que há uma cooperação estabelecida entre a Procuradoria do tribunal e as autoridades ucranianas, a fim de coletarem provas dos supostos crimes. Torna-se ainda mais latente, pelo encontro entre o procurador do TPI e o presidente da Ucrânia, em Kiev, na data de 28 de fevereiro de 2023[100].

Em que pese os empenhos, despendidos pelas autoridades ucranianas e autoridades do TPI, vislumbram-se elementos de tensão, que poderão causar impasses entre as partes, tais como distribuir as responsabilidades investigativas, lidar com as evidências físicas e inquirir as testemunhas (BOSCO, 2022).

Ressalte-se o risco futuro de frustração com o Tribunal Penal Internacional, pelas autoridades ucranianas, sobre o ritmo desempenhado pela investigação e os caminhos investigativos, os quais o TPI decidiu trilhar (BOSCO, 2022).

Outrossim, ilustra-se a possibilidade de inquirições, referentes aos possíveis crimes, iniciadas em desfavor dos ucranianos. Alicerçado no histórico de atuação da Corte, que sempre se esforçou para investigar e julgar todas as partes do conflito. Assim como a Rússia, existem diversos relatos de supostos crimes cometidos pelas forças ucranianas, que poderão ser objeto de investigação pelo Gabinete do Procurador (BOSCO, 2022).

---

[100] **Zelensky meets with International Criminal Court prosecutor in Kyiv**. The Kyiv Independent. Kiev, 28 fev. 2023. Disponível em: https://kyivindependent.com/news-feed/zelensky-meets-with-international-criminal-court-prosector-in-kyiv. Acesso em: 9 mar. 2023.

Ademais, existem precedentes quanto ao rompimento da cooperação entre governos locais e o TPI, tal qual nas Filipinas, que ratificou o Estatuto de Roma em 2011, contudo retiraram-se em 17 março de 2018[101], semanas após a Câmara de Pré-Julgamento aprovar a abertura das investigações contra Burundi, acerca da perpetração de atrocidades durante a campanha de guerra às drogas[102].

Evidenciou-se que a remoção configurou uma tentativa de proteger o presidente, Rodrigo Duterte — o principal arquiteto da campanha —, de uma possível investigação do TPI. O presidente das Filipinas declarou em entrevista, que nunca iria ao TPI vivo (UMA, 2021).

Portanto, com o condão de extinguir a impunidade, no âmbito dos direitos humanos e do direito penal internacional, é essencial que o TPI mantenha boa relação com os representantes dos governos locais.

É notório o tentame do afastamento da jurisdição do TPI, quando a conjuntura torna-se desagradável aos líderes, ocasionando a retirada das suas respectivas ratificações ao Estatuto, por mera conveniência.

Contudo, como alvitrado recentemente por meio da decisão da Câmara de Pré-Julgamento, apta a autorizar a abertura das investigações pela situação no Burundi, esta manterá a jurisdição sobre os crimes cometidos durante o período, o qual o Estado figurou como parte do Estatuto.

Ou seja, poderá exercer a jurisdição sobre os crimes, mesmo após a retirada da sua ratificação.

A renúncia ao Estatuto de Roma é uma decisão soberana, sujeita ao disposto no artigo 127, do Estatuto. Demarca que o Estado-parte deverá encaminhar notificação escrita e endereçada ao secretário

---

[101] **ICC Statement on The Philippines' notice of withdrawal:** State participation in Rome Statute system essential to international rule of law. International Criminal Court. 20 mar. 2018. Disponível em: https://www.icc-cpi.int/news/icc-statement-philippines-notice-withdrawal-state-participation-rome-statute-system-essential. Acesso em: 9 mar. 2023.

[102] UMA, Saumya. **State Cooperation and the Challenge to International Criminal Justice.** The Wire. 13 set. 2021. Disponível em: https://thewire.in/law/state-cooperation-and-the-challenge-to-international-criminal-justice. Acesso em: 9 mar. 2023.

geral das Nações Unidas, expressando a vontade de retirar-se do Estatuto. Contudo, produzirá os efeitos após um ano, a contar a partir do depósito da notificação.

Evidencia-se que a retirada não tem impacto sobre as investigações e processos em andamento, tampouco em qualquer outro assunto, que seja de interesse do tribunal, antes da data de sua debandada – não alterará, nem mesmo, a condição de qualquer juiz, que já esteja servindo à Corte (*ICC Statement on The Philippines' notice of withdrawal: State participation in Rome Statute system essential to International rule of law*, 2018).

Se a cooperação com a Ucrânia é frutífera até o momento, o oposto é verdadeiro em relação à Rússia. Em abril, o procurador informou que destacou várias solicitações ao governo russo, mas não obteve resposta (BOSCO, 2022).

Além do exposto, o governo russo teceu várias críticas à atuação do TPI. O Kremlin aduziu que "o tribunal não havia correspondido às esperanças da comunidade internacional e denunciou os desempenhos das funções da Corte como unilateral e ineficiente" (*Russia withdraws signature from International Criminal Court Statute*, 2016, tradução nossa).

7.1 Mandados de prisão em desfavor do alto comando político russo

Em 17 de março de 2023, o TPI anunciou, por meio da Câmara de Pré-Julgamento II, a expedição de mandados de prisão, em desfavor do Sr. Vladimir Putin e da Sr.ª Maria Alekseyevna Lvova-Belova[103].

A Câmara de Pré-Julgamento II considerou, com suporte dos requerimentos da acusação, datados de 22 de fevereiro de 2023, a existência de motivos razoáveis para acreditar que os suspeitos são responsáveis pela perpetração dos crimes de guerra, quais sejam, de

---

[103] **Russia**: ICC's arrest warrant against Putin a step towards justice for victims of war crimes in Ukraine. Amnesty International. 17 mar. 2023. Disponível em: https://www.amnesty.org/en/latest/news/2023/03/russia-iccs-arrest-warrant-against-putin-step-towards-justice/. Acesso em: 20 mar. 2023.

deportação ilegal da população e de transferência ilegal da população, de áreas ocupadas na Ucrânia, para à Federação Russa — em prejuízo das crianças ucranianas.

A Câmara ponderou que, usualmente, os mandados são sigilosos, com o fim de proteger vítimas e testemunhas, além de salvaguardar a investigação.

No entanto, ciente das condutas que estão em curso e da divulgação pública dos mandados, hábeis a colaborarem para a prevenção da continuidade delitiva, a Câmara sopesou autorizar a Secretaria, divulgar publicamente a existência dos mandados, nos quais constam: os nomes dos suspeitos; crimes pelos quais os mandados foram expedidos; e as condutas incriminatórias estabelecidas pela Câmara.

Ainda, expediram os mandados de prisão na sequência dos requerimentos nesse sentido, apresentados pela Procuradoria Geral, em 22 de fevereiro de 2023.

7.1.1 Mandado de prisão expedido pelo TPI em desfavor de Putin

Vladimir Putin nasceu em 7 de outubro de 1952. Desempenhou o cargo de chefe de Estado do país em 2000, 2004, 2012 e 2018. Até o momento, segue, e seguirá, como presidente da Rússia, pelo menos, até 2024[104].

A Constituição da Rússia, antes de 2008, estabelecia termo para o mandato do presidente, que não poderia ultrapassar oito anos, contando com o período referente à reeleição[105].

Apesar disso, o Parlamento da Rússia modificou a duração do mandato, em 2008, de quatro para seis anos, conferindo, a Vladimir Putin, após eleito em 2012, a possibilidade de ficar no poder por até 12 anos.

---

[104] **Why is Vladimir Putin still in Power?** Britannica. 16 fev. 2023. Disponível em: https://www.britannica.com/question/Why-is-Vladimir-Putin-still-in-power. Acesso em: 17 mar. 2023.

[105] Câmara russa aprova mandato presidencial de seis anos. **BBC**, 21 nov. 2008. Disponível em: https://www.bbc.com/portuguese/reporterbbc/story/2008/11/081121_russia_ac. Acesso em: 18 mar. 2023.

Contudo, em 10 de março de 2020, a deputada Valentina Tereshkova propôs, na Duma Estatal[106] — que compreende, junto ao Conselho da Federação, a Assembleia Federal da Rússia[107] —, emendas à Constituição, que versavam sobre a modificação dos critérios à eleição.

Todavia, a disposição não se aplicaria a Putin.

Conforme a redação do artigo 81, partes (3) e (3.1), da Constituição da Federação Russa, emendada por meio da votação nacional realizada em 1 de julho de 2020, a mesma pessoa não pode ocupar o cargo de presidente da Rússia por mais de dois mandatos consecutivos (artigo 81 [3], da Constituição da Federação Russa)[108].

Outrossim, o artigo 81 (3.1), da referida Carta Constitucional, e a disposição da parte (3), do artigo 81, limitam o número de mandatos nos quais um cidadão russo poderá preencher o cargo político máximo do Executivo (*"Конституция Российской Федерации" [принята всенародным голосованием 12.12.1993 с изменениями, одобренными в ходе общероссийского голосования 01.07.2020*, 2020]).

Na verdade, as normas se aplicam a uma pessoa, que tenha exercido, e/ou exerça, o cargo de presidente da Rússia, a partir da próxima eleição, isto é, zerará os mandatos de Putin e de todos os seus antecessores, para a reeleição.

Por isso, a partir do marco inicial dos aditamentos, não será contabilizado o período no qual o presidente em exercício ficou no poder, contando, tão somente, a partir da próxima eleição, fato que permitiria a extensão do mandato de Putin até 2034 (*"Конституция Российской Федерации» (принята всенародным голосованием*

---

[106] **Status and powers, composition and Regulations of the State Duma**: The Federal Assembly of the Russian Federation. The State Duma. Moscou, [s.d.]. Disponível em: http://duma.gov.ru/en/duma/about/. Acesso em: 17 mar. 2023.

[107] De acordo com a Constituição Política da Federação Russa, de 12 de dezembro de 1993, a Duma do Estado possui 450 deputados eleitos, por um período de cinco anos. Enquanto Duma serve como câmara baixa, o Conselho da Federação é a câmara alta. Ambas as entidades compreendem a Assembleia Federal (ou Parlamento russo).

[108] RÚSSIA. "Конституция Российской Федерации» (принята всенародным голосованием 12.12.1993 с изменениями, одобренными в ходе общероссийского голосования 01.07.2020). Consultant RU. Moscou, 1 jul. 2020. Disponível em: http://www.consultant.ru/document/cons_doc_LAW_28399/67433a12b43ee077f730388b5f6edd346d7a9902/. Acesso em: 17 mar. 2023.

12.12.1993 с изменениями, одобренными в ходе общероссийского голосования 01.07.2020, 2020)).

Sob esse contexto foi que, em 17 de março de 2023, a Câmara de Pré-Julgamento II, do Tribunal Penal Internacional, expediu mandados de prisão em desfavor do presidente da Rússia, Vladimir Vladimirovich Putin, e da comissária presidencial para os Direitos das Crianças, Maria Alekseyevna Lvova-Belova[109].

Os juízes da Câmara de Pré-Julgamento II — composta pela Meritíssima Senhora Doutora Juíza Tomoko Akane, Meritíssimo Senhor Doutor Juiz Rosario Salvatore Aitala e pelo Meritíssimo Senhor Doutor Juiz Sergio Gerardo Ugalde Gordínez[110] — avaliaram que Putin e Maria Lvova-Belova são, supostamente, responsáveis pelos crimes de guerra, referentes às deportações ilegais e às transferências ilegais de crianças ucranianas, incididas em áreas ocupadas da Ucrânia (*Situation in Ukraine: ICC judges issue arrest warrants against Vladimir Vladimirovich Putin and Maria Alekseyevna Lvova-Belova*, 2023).

Fundamentam-se as acusações, com respaldo nos artigos 8 (2), (a) e (vii) e 8 (2), (b) e (viii), do Estatuto de Roma.

Alega-se o cometimento desses crimes a partir da data de 24 de fevereiro de 2022, patenteando a existência de indícios razoáveis, para acreditar que Putin, tem responsabilidade criminal individual pelas condutas incriminadoras mencionadas.

Com base na declaração do presidente do TPI, Meritíssimo Senhor Doutor Juiz-Presidente Piotr Hofmański, explica-se o embasamento jurídico das acusações (*Situation in Ukraine: ICC judges issue arrest warrants against Vladimir Vladimirovich* Putin *and* Maria Alekseyevna Lvova-Belova, 2023), quais sejam: (i) por cometer os atos diretamente e em conjunto com outros, e/ou por meio de outros

---

[109] **Situation in Ukraine**: ICC judges issue arrest warrants against Vladimir Vladimirovich Putin and Maria Alekseyevna Lvova-Belova. International Criminal Court. Haia, 17 mar. 2023. Disponível em: https://www.icc-cpi.int/news/situation-ukraine-icc-judges-issue-arrest-warrants-against-vladimir-vladimirovich-putin-and. Acesso em: 17 mar. 2023.

[110] **Decision replacing a judge in Pre-Trial Chamber II**. International Criminal Court. Haia, 21 fev. 2023. Disponível em: https://www.icc-cpi.int/sites/default/files/CourtRecords/0902ebd1803bd96c.pdf. Acesso em: 18 mar. 2023.

(artigo 25 [3] e [a], do Estatuto de Roma); e (ii) pela sua incapacidade de exercer o controle adequado sobre suas tropas, paramilitares e militares, acusadas de praticarem as condutas tipificadas no artigo 8.º, do Estatuto de Roma, e que estavam sob sua autoridade e controle, conforme o artigo 28 (b), do Estatuto de Roma (*Situation in Ukraine: ICC judges issue arrest warrants against* Vladimir Vladimirovich Putin *and* Maria Alekseyevna Lvova-Belova, 2023, tradução nossa).

7.1.2 Mandado de prisão expedido pelo TPI em desfavor de Maria Alekseyevna Lvova-Belova

Maria Alekseyevna Lvova-Belova nasceu em 25 de outubro de 1984. Integra a Comissão para os Direitos da Criança, no Gabinete do Presidente da Federação Russa (*Situation in Ukraine: ICC judges issue arrest warrants against* Vladimir Vladimirovich Putin *and* Maria Alekseyevna Lvova-Belova, 2023).

É, supostamente, responsável pelos crimes de guerra, quais sejam, de deportação ilegal de pessoas (crianças) e transferência ilegal de pessoas (crianças), das áreas ocupadas da Ucrânia, à Federação Russa, consoante os artigos 8 (2), (a), (vii) e 8 (2), (b), (viii), do Estatuto de Roma (*Situation in Ukraine: ICC judges issue arrest warrants against* Vladimir Vladimirovich Putin *and* Maria Alekseyevna Lvova-Belova, 2023).

Da mesma forma que Putin, os supostos crimes foram cometidos a partir de 24 de fevereiro de 2022.

Conforme a declaração do juiz-presidente do TPI, existem motivos razoáveis para acreditar que a Sr.ª Maria Lvova-Belova possui responsabilidade criminal individual pelos crimes supramencionados, cometendo os atos diretamente, em conjunto com outros, e/ou por meio de outros (artigo 25 [3], [a], do Estatuto de Roma) (*Situation in Ukraine: ICC judges issue arrest warrants against* Vladimir Vladimirovich Putin *and* Maria Alekseyevna Lvova-Belova, 2023).

7.1.2.1 Cumprimento dos mandados de prisão emitidos pelo TPI

Imperioso ressaltar que, para o correto cumprimento dos mandados de prisão, em desfavor da Sr.ª Lvova-Belova e do Sr. Putin, é essencial a cooperação internacional entre os Estados-membros do Estatuto de Roma, pois a Rússia não reconhece o TPI e tampouco ratificou o Estatuto de Roma.

Os dois acusados poderão ser presos, somente, nos casos em que o governo da Rússia seja cambiado por outro disposto a colaborar com o TPI, ou caso trafeguem no território de algum Estado-membro. Ademais, o Estado de detenção, que figurar como parte do Estatuto de Roma, dispõe da obrigação de entregar os dois acusados, conforme reverbera o artigo 59, do Estatuto de Roma (*Rome Statute*, 2002).

Não se trata de simples missão e é improvável que essas prisões ocorram em um curto período, devido à conjuntura.

Contudo, é a melhor forma de buscar a justiça e de trazer a julgamento os responsáveis pelo cometimento desses crimes atrozes, mortificadores, humilhantes, graves e estarrecedores, contra as crianças e a sociedade ucraniana.

Destaca-se que, consoante o artigo 63 (1), do Estatuto de Roma, não se confere a possibilidade de julgamentos à revelia, por isso são imperiosas as capturas dos acusados.

De mais a mais, conforme o artigo 29, do Estatuto de Roma, os crimes de competência do tribunal não estarão suscetíveis aos efeitos da prescrição, isto é, são imprescritíveis.

7.2 Próximos Desafios para o TPI

A investigação pelo TPI, do atual conflito entre Rússia e Ucrânia, enfrenta, e enfrentará, diversos desafios.

A hostilidade declarada da Rússia, em relação ao tribunal, representa o maior percalço, no que se refere à coleta de provas, especialmente, nos territórios sob controle russo (*Report on Preliminary Examination Activities*, 2015 [§158]).

Da mesma forma, dificuldades são vislumbradas para os eventuais cumprimentos dos mandados de prisão, em desfavor dos russos.

O TPI, nesse quesito, depende da cooperação das autoridades nacionais, para prender suspeitos e transferi-los para Haia, a fim de realizar o julgamento (MARCHUK; WANIGASURIYA, 2022).

Aliás, o procurador não recebeu réplica das autoridades russas, alusiva à requisição formal que visava discutir a situação em curso na Ucrânia e, provavelmente, nunca receberá[111] (MARCHUK; WANIGASURIYA, 2022).

De mais a mais, devido às sanções internacionais cominadas contra o alto comando do governo russo, vislumbram-se complicações futuras, para apreensão dos potenciais suspeitos, que deverão ser arrostadas pelo TPI[112].

Ressalte-se a existência de sanções aplicadas aos russos, proibindo viagens a determinados territórios, sem considerar os Estados-membros do Estatuto. Portanto, é extremamente penosa a apreensão desses acusados, pois a possibilidade de viajarem para o exterior e, substancialmente, aos países que cooperam com o TPI é praticamente nula.

Por isso, torna-se extremamente embaraçoso o cumprimento dos mandados de prisão, eventualmente expedidos, porquanto limitam o ensejo de detenção em países signatários do Estatuto, dificultando a concretização dos julgamentos em Haia, pelo Tribunal Penal Internacional (MARCHUK; WANIGASURIYA, 2022).

A perspectiva, portanto, mandaria a alternância do poder na Rússia e a consequente eleição de um governo que estivesse disposto a cooperar com o TPI, o que é improvável de acontecer (MARCHUK; WANIGASURIYA, 2022).

---

[111] **Russia not responding to International Criminal Court amid war crimes investigation, prosecutor says.** ITV News. 25 mar. 2022. Disponível em: https://www.itv.com/news/2022-03-25/russia-not-responding-to-icc-amid-war-crimes-investigation-prosecutor-says. Acesso em: 9 mar. 2023.

[112] **Press Statement by President von der Leyen on the fifth round of sanctions against Russia.** European Commission. Stratsbourg, 5 abr. 2022. Disponível em: https://ec.europa.eu/commission/presscorner/detail/en/statement_22_2281. Acesso em: 9 mar. 2023.

Com relação à responsabilização de soldados russos de baixas patentes, capturados como prisioneiros de guerra, serão julgados, em sua maioria, por tribunais ucranianos, fato que já é recorrente.

O julgamento mais recente dos tribunais ucranianos aconteceu em 23 de janeiro de 2023, os quais condenaram quatro homens, componentes das forças militares russas, por tortura e a uma pena de 11 anos na prisão[113]. Os julgamentos de soldados de baixa patente, no entanto, não costumam interessar ao TPI, por isso, o judiciário ucraniano estará incumbido de investigar e condenar, ou não, os supostos responsáveis.

Contudo, ainda sob o comando de Fatou Bensouda, o Gabinete da Procuradoria declarou dificuldades orçamentárias, vez que todas as investigações preliminares atingiram, ou estão perto de atingir, o mesmo estágio, culminando na escassez dos recursos, tanto de pessoal quanto financeiros (*Statement of the Prosecutor, Fatou Bensouda, on the conclusion of the preliminary examination in the situation in Ukraine*, 2020).

Em 28 de fevereiro de 2022, por meio de uma declaração oficial do atual procurador do TPI, Karim Khan anunciou a abertura das investigações, com relação à situação na Ucrânia[114]. Na mesma oportunidade, urgiu pelo suporte financeiro de todos os Estados-partes do Estatuto de Roma e da comunidade internacional, a fim de majorar o orçamento do Gabinete e a quantidade de pessoal da Procuradoria, por meio do "empréstimo" destes pelos Estados-membros (*Statement of ICC Prosecutor, Karim A.A. Khan QC, on the Situation in Ukraine: "I have decided to proceed with opening an investigation"*, 2022).

Em uma demonstração de apoio sem precedentes, em 28 de março de 2022, o procurador Khan aduziu que 21 Estados-partes

---

[113] SALII, Irina. **Ukraine: Four Russian Soldiers Convicted for Torture.** JusticeInfo. 23 jan. 2023. Disponível em: https://www.justiceinfo.net/en/111468-ukraine-four-russian-soldiers-convicted-for-torture.html. Acesso em: 10 mar. 2023.

[114] **Statement of ICC Prosecutor, Karim A.A. Khan QC, on the Situation in Ukraine**: "I have decided to proceed with opening an investigation". International Criminal Court. 28 fev. 2022. Disponível em: https://www.icc-cpi.int/news/statement-icc-prosecutor-karim-aa-khan-qc-situation-ukraine-i--have-decided-proceed-opening. Acesso em: 10 mar. 2023.

do TPI confirmaram a disposição em ceder especialistas, para que amparassem as atividades inquisitórias do TPI. Acrescenta-se que, após o apelo do procurador, 20 Estados-membros condescenderam em enviar recursos financeiros ao Gabinete[115].

Tais incrementos financeiros e dispêndio de pessoal culminaram na equipe formada por 42 investigadores, de nacionalidades diferentes, que visavam coletar provas e evidências em território ucraniano.

Os esforços da comunidade internacional modificaram o desempenho do TPI que, agora, visa à diafaneidade das investigações, vez que são desempenhadas por múltiplos autores, de várias nacionalidades. Sedimenta-se o exposto, por meio da cooperação jurídica entre o governo ucraniano, a Eurojust e o Tribunal Penal Internacional.

Além disso, expôs a transparência na atuação da Procuradoria, promovendo a diversidade nacional na sua equipe de investigadores, que tendem a buscar responsáveis de alta relevância, impossibilitando, de certa forma, os perpetradores de atrocidades saírem impunes, mesmo protegidos por um Estado colossal e com relevância na comunidade internacional, como a Federação Russa (*ICC Prosecutor Karim A.A. Khan QC announces deployment of forensics and investigative team to Ukraine, welcomes strong cooperation with the Government of the Netherlands*, 2022).

---

[115] **Statement of ICC Prosecutor, Karim A.A. Khan QC:** Contributions and support from States Parties will accelerate action across our investigations. International Criminal Court. 28 mar. 2022. Disponível em: https://www.icc-cpi.int/news/statement-icc-prosecutor-karim-aa-khan-qc-contributions-and-support-states-parties-will. Acesso em: 10 mar. 2023.

CONCLUSÃO

Em virtude de todo o exposto, é possível admitir que o Tribunal Penal Internacional possui o maior e o mais desafiador objetivo de toda a história, qual seja, promover as investigações do conflito russo-ucraniano.

Nunca houve uma cooperação internacional tão relevante, como a aplicada no contexto do conflito no Leste Europeu.

As autoridades ucranianas afirmam que mais de 65 mil crimes de guerra foram, supostamente, cometidos pelos russos, desde o início da invasão.

Por conta disso, é de suma importância a cooperação dos Estados, para não se caracterizar a impunidade das autoridades políticas e militares, efetivamente responsáveis, pela prática de atrocidades contra, principalmente, o povo ucraniano.

Ressalta-se que, mesmo após a identificação dos culpados, a tarefa do TPI não estará cumprida, pois o maior desafio é trazer a julgamento e cumprir os mandados de prisão, eventualmente emitidos, aos acusados.

É nítido o desinteresse da Federação Russa em contribuir com as prisões e julgamentos, por não acreditarem na imparcialidade e isenção do Tribunal Penal Internacional, mesmo que sejam crenças infundadas.

Ademais, é imperioso ressaltar o possível repto das autoridades ucranianas em colaborar com as autoridades internacionais, quando as investigações apontarem, quiçá, a prática de crimes por nacionais ucranianos. Não se sabe como os ucranianos reagirão e se continuarão, ou não, a cooperar com o TPI.

A relação estremecida entre a Corte e os Estados investigados é uma realidade que deve ser enfrentada pelos membros do tribunal, a fim de garantir o julgamento e cooperação irrestrita, mesmo que um governo com posicionamento distinto do anterior seja eleito.

Por fim, conclui-se que o procedimento de investigação pode estender-se por um longo período, pois não se compara aos tribunais nacionais, responsáveis por julgar os crimes rotineiros e de pouco impacto ao direito internacional humanitário, quando comparados com as infrações de competência do Tribunal Penal Internacional.

Por derradeiro, o Tribunal Penal Internacional continuará a necessitar de apoio e, assim sendo, a comunidade internacional deverá promover a resiliência e manter o suporte financeiro e de pessoal, aos quais se comprometeram a inteirar.

REFERÊNCIAS

ABELLÁN, Lucía; BONET, Pilar. A Ucrânia e a UE firmam o pacto de livre comércio que iniciou a crise com a Rússia. **El País**, Bruxelas/Moscou, 27 jun. 2014. Disponível em: https://brasil.elpais.com/brasil/2014/06/27/internacional/1403853122_102740.html. Acesso em: 28 fev. 2023.

ARRUDA, Eloisa de Sousa; TORRES, Tiago Caruso. **A porta estreita do Tribunal Penal Internacional**. Estadão. São Paulo, 30 de julho de 2020. Disponível em: https://www.estadao.com.br/politica/blog-do-fausto-macedo/a-porta-estreita-do-tribunal-penal-internacional/. Acesso em: 7 fev. 2023.

ÁUSTRIA. **Declaração e Programa de Ação de Viena**. Viena, 1993. Disponível em: https://www.onumulheres.org.br/wp-content/uploads/2013/03/declaracao_viena.pdf. Acesso em: 8 fev. 2023.

BASIC Laws of Israel: Nazis and Nazi Collaborators (Punishment) Law. 1950. Disponível em: https://www.jewishvirtuallibrary.org/nazis-and-nazi-collaborators-punishment-law-1950. Acesso em: 8 fev. 2023.

BASSIOUNI, Cherif. **The Time has Come for an International Criminal Court**. Indiana International and Comparative Law Review. 1991. p. 1-2. Disponível em: https://journals.iupui.edu/index.php/iiclr/article/view/17370/17496. Acesso em: 7 fev. 2023.

BASSIOUNI, Cherif. **The Time Has Come for an International Criminal Court**. Indiana International and Comparative Law Review. v. 1. 1991. p. 5. Disponível em: https://journals.iupui.edu/index.php/iiclr/issue/view/774/150. Acesso em: 7 fev. 2023.

BEAUBIEN, Jason. **Russia has achieved at least 1 of its war goals**: return Ukraine's water to Crimea. NPR. 12 jun. 2022. Disponível em: https://www.npr.org/2022/06/12/1104418128/russia-ukraine-crimea-water-canal. Acesso em: 3 mar. 2023.

BERLINGER, Joshua; CHERNOVA, Anna; LISTER, Tim. Putin announces annexation of Ukrainian regions in defiance of international law. **CNN**, 30 set. 2022. Disponível em: https://edition.cnn.com/2022/09/30/europe/putin-russia-ukraine-annexation-intl/index.html. Acesso em: 3 mar. 2023.

BOFFEY, Daniel. UN official concerned over videos showing apparent abuse of PoWs in Ukraine. **The Guardian**, Lviv, 29 mar. 2022. Disponível em: https://www.theguardian.com/world/2022/mar/29/un-official-concerned-over-videos-showing-apparent-abuse-of-pows-in-ukraine. Acesso em: 8 mar. 2023.

BOSCO, David. **The ICC's Impact in Ukraine**. Lawfare. 27 out. 2022. Disponível em: https://www.lawfareblog.com/iccs-impact-ukraine. Acesso em: 9 mar. 2023.

BRASIL. **Ato das Disposições Constitucionais e Transitórias**. Constituição da República Federativa do Brasil de 1988. Disponível em: https://www.planalto.gov.br/ccivil_03/constituicao/constituicao.htm. Acesso em: 27 fev. 2023.

BRASIL. **Constituição da República Federativa do Brasil de 1988**. Brasília, DF: Presidência da República, 1988. Disponível em: https://www.planalto.gov.br/ccivil_03/constituicao/constituicao.htm. Acesso em: 27 de fevereiro de 2023.

BRASIL. **Decreto nº 4.388, de 25 de setembro de 2002**: promulga o Estatuto de Roma do Tribunal Penal Internacional. Brasília: Presidência da República, 23 set. 2002. Disponível em: https://www.planalto.gov.br/ccivil_03/decreto/2002/d4388.htm. Acesso em: 15 fev. 2023.

BRASIL. **Decreto nº 99.165, de 12 de março de 1990**: Promulga a Convenção das Nações Unidas sobre o Direito do Mar. Câmara dos Deputados. Brasília, 12 mar. 1990. Disponível em: https://www2.camara.leg.br/legin/fed/decret/1990/decreto-99165-12-marco-1990-328535-publicacaooriginal-1-pe.html. Acesso em: 21 mar. 2023.

BRASIL. **Decreto nº 21.713, de 27 de agosto de 1946:** Promulga a Convenção sobre a Aviação Civil Internacional, concluída em Chicago a 7 de dezembro de 1944 e firmado pelo Brasil, em Washington, a 29 de maio de 1945. Rio de Janeiro: Presidência da República, 27 ago. 1946. Disponível em: http://www.planalto.gov.br/ccivil_03/decreto/1930-1949/d21713.htm. Acesso em: 21 mar. 2023.

BUCHA killings raise 'serious' questions about possible war crimes: Bachelet. United Nations News. 4 abr. 2022. Disponível em: https://news.un.org/en/story/2022/04/1115482. Acesso em: 7 mar. 2023.

CAMPBELL, Josh. Tribunal de Haia inicia investigação de crimes de guerra na Ucrânia. **CNN Brasil**, 2 mar. 2022. Disponível em: https://www.cnnbrasil.com.br/internacional/tribunal-de-haia-inicia-investigacao-de-crimes-de-guerra-na-ucrania/. Acesso em: 3 fev. 2023.

CÂMARA russa aprova mandato presidencial de seis anos. **BBC**, 21 nov. 2008. Disponível em: https://www.bbc.com/portuguese/reporterbbc/story/2008/11/081121_russia_ac. Acesso em: 18 mar. 2023.

COSTA, Claudia. Tratado de Versalhes marcou nova fase do capitalismo, diz professor. **Jornal da USP**, 26 jun. 2019. Disponível em: https://jornal.usp.br/cultura/tratado-de-versalhes-marcou-nova-fase-do-capitalismo-diz-professor/#:~:text=Apenas%20em%20outubro%20de%202010,imposta%20pelo%20Tratado%20de%20Versalhes. Acesso em: 6 fev. 2023.

CRASH of Malaysia Airlines flight MH17. Dutch Safety Board. Haia, 13 out. 2015. Disponível em: https://www.onderzoeksraad.nl/en/page/3546/crash-mh17-17-july-2014. Acesso em: 1 mar. 2023.

CRIME of Aggression: Amendments Ratification. ASP information (International Criminal Court). 28 fev. 2019. Disponível em: https://asp.icc-cpi.int/crime-of-aggression. Acesso em: 4 mar. 2023.

DA SILVA, Isabel Marques. Como criar um tribunal especial para julgar o crime de agressão da Rússia. **Euronews**, 23 fev. 2023. Disponível em: https://pt.euronews.com/my-europe/2023/02/22/como-criar-um-tribunal-especial-para-julgar-o-crime-de-agressao-da-russia. Acesso em: 8 mar. 2023.

DECISION replacing a judge in Pre-Trial Chamber II. Haia: International Criminal Court, 21 fev. 2023. Disponível em: https://www.icc-cpi.

int/sites/default/files/CourtRecords/0902ebd1803bd96c.pdf. Acesso em: 18 mar. 2023.

DECLARATION on the USSR Foundation and the Treaty was Signed. Boris Yeltsin Presidential Library. 30 dez. 1922. Disponível em: https://www.prlib.ru/en/history/619858. Acesso em: 28 fev. 2023.

DELFINO, Leonardo; SILVA, Marco Antonio Marques da. O Tribunal Penal Internacional: Composição, competência e conflitos aparentes com disposições constantes na Constituição brasileira. **Revista Científica Multidisciplinar Núcleo do Conhecimento**, ano 5, ed. 8, v. 8, p. 40-53, ago. 2020. Disponível em: https://www.nucleodoconhecimento.com.br/lei/tribunal-penal. Acesso em: 6 fev. 2023.

ESTADOS UNIDOS DA AMÉRICA. **Resolution adopted by the General Assembly on 27 March 2014.** United Nations, General Assembly. Nova Iorque, 27 mar. 2014. Disponível em: https://documents-dds-ny.un.org/doc/UNDOC/GEN/N13/455/17/PDF/N1345517.pdf?OpenElement. Acesso em: 28 fev. 2023.

EUROPEAN Justice. Eurojust. 8 dez. 2021. Disponível em: https://e-justice.europa.eu/23/PT/eurojust. Acesso em: 8 mar. 2023.

FERENCZ, Benjamin Berell. International Criminal Courts: The Legacy of Nuremberg. **Pace International**, v. 10, jun. 1998. Disponível em: https://digitalcommons.pace.edu/cgi/viewcontent.cgi?referer=&httpsredir=1&article=1260&context=pilr. Acesso em: 5 mar. 2023.

FERRARO, Vicente. A guerra na Ucrânia: Uma análise do conflito e seus impactos nas sociedades russa e ucraniana. **SciElo**, São Paulo, 3 nov. 2022. Disponível em: https://preprints.scielo.org/index.php/scielo/preprint/view/4948/a-guerra-na-ucrania-impactos-na-politica-sociedade-economia-da-r. Acesso em: 28 fev. 2023.

FRANÇA. **Tratado de Versalhes. Versalhes**. 1919. p. 64. Disponível em: http://www.planalto.gov.br/ccivil_03/decreto/1910-1929/anexo/And13990-1920.pdf. Acesso em: 7 fev. 2023.

GALEOTTI, Mark. **Armies of Russia`s War in Ukraine**. 11. ed. Oxford: Osprey Publishing, 2019. v. 1, p. 1-65.

GUERRA na Ucrânia: por que o mundo precisa dos grãos vendidos pelo país? **BBC News Brasil**, 22 jul. 2022. Disponível em: https://www.bbc.com/portuguese/internacional-62272076. Acesso em: 23 mar. 2023.

HOON, Marieke de. Dutch Court, in Life Sentences: Russia Had "Overall Control" of Forces in Eastern Ukraine Downing of Flight MH17. **Just Security**, Haia, 19 dez. 2022. Disponível em: https://www.justsecurity.org/84456/dutch-court-in-life-sentences-russia-had-overall-control-of-forces-in-eastern-ukraine-downing-of-flight-mh17/. Acesso em: 1 mar. 2023.

HOSPITAL Bombed and Apartments Destroyed: Mapping Incidents of Civilian Harm in Ukraine. **Bellingcat Investigation Team**, 17 mar. 2022. Disponível em: https://www.bellingcat.com/news/2022/03/17/hospitals-bombed-and-apartments-destroyed-mapping-incidents-of-civilian-harm-in-ukraine/. Acesso em: 7 mar. 2023.

ICC Prosecutor Karim A.A. Khan QC announces deployment of forensics and investigative team to Ukraine, welcomes strong cooperation with the Government of the Netherlands. **ReliefWeb** (provided by OCHA), 17 maio 2022. Disponível em: https://reliefweb.int/report/ukraine/icc-prosecutor-karim-aa-khan-qc-announces-deployment-forensics-and-investigative-team-ukraine-welcomes-strong-cooperation-government-netherlands. Acesso em: 9 mar. 2023.

ICC Statement on The Philippines' notice of withdrawal: State participation in Rome Statute system essential to international rule of law. International Criminal Court. 20 mar. 2018. Disponível em: https://www.icc-cpi.int/news/icc-statement-philippines-notice-withdrawal-state-participation-rome-statute-system-essential. Acesso em: 9 mar. 2023.

INTERNATIONAL Centre for the Prosecution of the Crime of Aggression made official at United for Justice Conference in Ukraine. 5 mar. 2023. Disponível em: https://www.eurojust.europa.eu/news/international-centre-prosecution-crime-aggression-made-official-united-justice-conference. Acesso em: 8 mar. 2023.

JARDIM, Tarcisio Dal Maso. **O Tribunal Penal Internacional e a sua importância para os Direitos Humanos**. O que é o Tribunal Penal Internacional. Comissão de Direitos Humanos da Câmara dos Deputados. 2000. Disponível em: https://jus.com.br/artigos/38730/a-in-compatibilidade-da-cominacao-da-pena-de-prisao-perpetua-pelo-tratado-de-roma-do-tribunal-penal-internacional-diante-da-constituicao-da-republica-federativa-do-brasil. Acesso em: 27 fev. 2023.

KERSTEN, Mark. **After all this time, why has Ukraine not ratified the Rome Statute of the International Criminal Court?** Justice in Conflict, mar. 2022. Disponível em: https://justiceinconflict.org/2022/03/14/after-all-this-time-why-has-ukraine-not-ratified-the-rome-statute-of-the-international-criminal-court/. Acesso em: 6 mar. 2023.

LEWANDOWSKI, Enrique Ricardo. O Tribunal Penal Internacional: de uma cultura da impunidade para uma cultura de responsabilidade. **Estudos avançados**, São Paulo, maio/ago. 2002. Disponível em: http://www.dhnet.org.br/dados/cartilhas/dh/tpi/cartilha_tpi.htm#A%20PENA%20DE%20PRISÃO. Acesso em: 7 fev. 2023.

LONDON AGREEMENT OF 8 AUGUST 1945. Disponível em: https://www.sahistory.org.za/sites/default/files/file%20uploads%20/London%20Agreement%20by%20United%20Nations%2C%208%20August%201945.pdf. Acesso em: 6 fev. 2023.

LOPEZ, Jaime; WORTHINGTON, Brady. The ICC Investigates the Situation in Ukraine: Jurisdiction and Potential Implications. **Lawfare**, 10 mar. 2022. Disponível em: https://www.lawfareblog.com/icc-investigates-situation-ukraine-jurisdiction-and-potential-implications. Acesso em: 9 mar. 2023.

MACIAS, Amanda. Russia has committed more than 65,000 war crimes in Ukraine, prosecutor general says. **CNBC**, Washington, 1 fev. 2023. Disponível em: https://www.cnbc.com/2023/02/01/ukraine-russia-war-65000-war-crimes-committed-prosecutor-general-says.html#:~:text=Investing%20Club-,Russia%20has%20committed%20more%20than%2065%2C000,in%20

Ukraine%2C%20prosecutor%20general%20says&text=Ukraine's%20Prosecutor%20General%20Andriy%20Kostin,began%20nearly%20a%20year%20ago.. Acesso em: 8 mar. 2023.

MADE, Jan van der. **How far is France prepared to go in support of universal human rights?** 30 ago. 2022. Disponível em: https://www.rfi.fr/en/international/20220630-how-far-is-france-prepared-to-go-in-support-of-universal-human-rights. Acesso em: 16 fev. 2023.

MAIA, Renan de Marco D'Andrea. **A estrada para Roma: a evolução do Direito Internacional Penal**. Ribeirão Preto: Editora Altai, 2018. p. 4-190. Disponível em: https://www.academia.edu/37109044/A_Estrada_para_Roma_A_Evolu%C3%A7%C3%A3o_do_Direito_Internacional_Penal. Acesso em: 6 fev. 2023.

MARCHUK, Iryna; WANIGASURIYA, Aloka. The ICC and the Russia-Ukraine War. **American Society of International Law**, v. 26, ed. 4, p. 2-6, jul. 2022. Disponível em: https://www.asil.org/insights/volume/26/issue/4. Acesso em: 6 mar. 2023.

MEREZHKO, Oleksandr. **Crimea's Annexation by Russia** – Contradictions of the New Russia Doctrine of International Law. Die Zeitschrift für ausländisches öffentliches Recht und Völkerrecht. Alemanha: Heidelberg, 2015. Disponível em: https://www.zaoerv.de/75_2015/75_2015_1_a_167_194.pdf. Acesso em: 28 fev. 2023.

MONAGENG, Sanji Mmasenono. **The Crime of Aggression**: Following the Needs of a Changing World? Harvard International Law Journal. Disponível em: https://harvardilj.org/2017/04/the-crime-of-aggression-following-the-needs-of-a-changing-world/#_ftn7. Acesso em: 5 mar. 2023.

OS PAÍSES do Eixo e Aliados na Segunda Guerra Mundial [História do Enem]. EAD PUCPR. 5 set. 2022. Disponível em: https://ead.pucpr.br/blog/eixo-e-aliados. Acesso em: 7 fev. 2023.

PERRIGO, Billy. How Putin's Denial of Ukraine's Statehood Rewrites History. **Time**, 22 fev. 2022. Disponível em: https://time.com/6150046/ukraine-statehood-russia-history-putin/. Acesso em: 28 fev. 2023.

PICHETA, Rob. Russia pummels Ukraine with array of high-tech weaponry in nationwide assault. **CNN**, 9 mar. 2023. Disponível em: https://edition.cnn.com/2023/03/09/europe/ukraine-russia-missile-attack-kinzhal-intl/index.html. Acesso em: 9 mar. 2023.

PIOVESAN, Flávia; IKAWA, Daniela Ribeiro. **O tribunal penal internacional e o direito brasileiro**. São Paulo, [s.d.]. Disponível em: https://www.corteidh.or.cr/tablas/r33247.pdf. Acesso em: 7 fev. 2023.

POLITYUK, Pavel. Two Russian soldiers plead guilty in new war crimes trial in Ukraine. **Reuters**, Kiev, 26 maio 2022. Disponível em: https://www.reuters.com/world/europe/two-russian-soldiers-plead-guilty-new-war-crimes-trial-ukraine-2022-05-26/. Acesso em: 9 mar. 2023.

PONTE da Crimeia: o que aconteceu desde a explosão. **CNN**, 9 out. 2022. Disponível em: https://www.cnnbrasil.com.br/internacional/ponte-da-crimeia-o-que-aconteceu-desde-a-explosao/. Acesso em: 3 mar. 2023.

PRESS Statement by President von der Leyen on the fifth round of sanctions against Russia. **European Commission**, Stratsbourg, 5 abr. 2022. Disponível em: https://ec.europa.eu/commission/presscorner/detail/en/statement_22_2281. Acesso em: 9 mar. 2023.

RAMOS, André de Carvalho. **Processo internacional de direitos humanos**. 6. ed. São Paulo: Saraiva Educação, 2019. p. 298. Disponível em: https://edisciplinas.usp.br/pluginfile.php/527912/mod_resource/content/1/CARVALHO%20RAMOS%2C%20Andr%C3%A9.%20Processo%20Internacional%20dos%20Direitos%20Humanos.pdf.. Acesso em: 6 fev. 2023.

REDOUBLE efforts to end 'senseless' war in Ukraine, UN chief tells Foreign Ministers. **UN News**, 22 set. 2022. Disponível em: https://news.un.org/en/story/2022/09/1127511. Acesso em: 3 fev. 2023.

REPORT on Preliminary Examination Activities. International Criminal Court (The Office of the Prosecutor), 12 nov. 2015. Disponível em: https://www.icc-cpi.int/sites/default/files/iccdocs/otp/OTP-PE-rep-2015-Eng.pdf. Acesso em: 8 mar. 2023.

REPORT on Preliminary Examination Activities. The Office of Prosecutor, 5 dez. 2019. p. 70. Disponível em: https://www.icc-cpi.int/sites/default/files/itemsDocuments/191205-rep-otp-PE.pdf. Acesso em: 8 mar. 2023.

RESOLUTION on the Activation of the jurisdiction of the Court over the crime of aggression. ICC-ASP/16/Res.5. 12 dez. 2014. Disponível em: https://asp.icc-cpi.int/sites/asp/files/asp_docs/Resolutions/ASP16/ICC-ASP-16-Res5-ENG.pdf. Acesso em: 7 mar. 2023.

RIO DE JANEIRO. **Decreto Lei n.º 30.822, de 06 de maio de 1951.** Convenção para Prevenção e Crime de Genocídio. Paris, 1952. Disponível em: https://www.planalto.gov.br/ccivil_03/atos/decretos/1952/d30822.html. Acesso em: 14 fev. 2023.

ROME Statute of the International Criminal Court. United Nations, Haia, v. 2187, n. 38544, 17 jul. 1998. Disponível em: https://www.icc-cpi.int/sites/default/files/RS-Eng.pdf. Acesso em: 7 fev. 2023.

RUSSIA: ICC's arrest warrant against Putin a step towards justice for victims of war crimes in Ukraine. **Amnesty International**, 17 mar. 2023. Disponível em: https://www.amnesty.org/en/latest/news/2023/03/russia-iccs-arrest-warrant-against-putin-step-towards-justice/. Acesso em: 20 mar. 2023.

RUSSIA not responding to International Criminal Court amid war crimes investigation, prosecutor says. **ITV News**, 25 mar. 2022. Disponível em: https://www.itv.com/news/2022-03-25/russia-not-responding-to-icc-amid-war-crimes-investigation-prosecutor-says. Acesso em: 9 mar. 2023.

RÚSSIA. **"Конституция Российской Федерации" (принята всенародным голосованием 12.12.1993 с изменениями, одобренными в ходе общероссийского голосования 01.07.2020).** Consultant RU, Moscou, 1 jul. 2020. Disponível em: http://www.consultant.ru/document/cons_doc_LAW_28399/67433a12b43ee-077f730388b5f6edd346d7a9902/. Acesso em: 17 mar. 2023.

RULES of Procedure and Evidence. 2. ed. Haia: International Criminal Court, 2013. Disponível em: https://www.icc-cpi.int/sites/default/files/RulesProcedureEvidenceEng.pdf. Acesso em: 16 mar. 2023.

SALII, Irina. Ukraine: Four Russian Soldiers Convicted for Torture. **JusticeInfo**, 23 jan. 2023. Disponível em: https://www.justiceinfo.net/en/111468-ukraine-four-russian-soldiers-convicted-for-torture.html. Acesso em: 10 mar. 2023.

SANTOS, Joana Raposo. Bucha. Ucrânia nomeia dez militares russos envolvidos em alegadas violações dos Direitos Humanos. **RTP Notícias**, 29 abr. 2022. Disponível em: https://www.rtp.pt/noticias/mundo/bucha-ucrania-nomeia-dez-militares-russos-envolvidos-em-alegadas-violacoes-dos-direitos-humanos_n1401641. Acesso em: 8 mar. 2023.

SAUER, Pjotr; TONDO, Lorenzo. Ukraine names 10 Russian soldiers in alleged human rights abuses in Bucha. **The Guardian**, Kiev, 28 abr. 2022. Disponível em: https://www.theguardian.com/world/2022/apr/28/ukraine-names-10-russian-soldiers-in-alleged-human-rights-abuses-in-bucha. Acesso em: 8 mar. 2023.

SILVA, Daniel. **TRATADO DE VERSALHES**. Mundo Educação. Disponível em: https://mundoeducacao.uol.com.br/historiageral/tratado-versalhes.htm#:~:text=O%20artigo%20231%20declarava%20que,que%20deu%20in%C3%ADcio%20às%20hostilidades. Acesso em: 6 fev. 2023.

SITUATION in Ukraine: ICC judges issue arrest warrants against Vladimir Vladimirovich Putin and Maria Alekseyevna Lvova-Belova. Haia: International Criminal Court, 17 mar. 2023. Disponível em: https://www.icc-cpi.int/news/situation-ukraine-icc-judges-issue-arrest-warrants-against-vladimir-vladimirovich-putin-and. Acesso em: 17 mar. 2023.

SITUATION in Ukraine - Jurisdiction in the general situation. International Criminal Court – ICC 01/22. 2022. Haia, [s/d]. Disponível em: https://www.icc-cpi.int/ukraine. Acesso em: 7 mar. 2023.

STATEMENT by the Russian Foreign Ministry. 16 nov. 2015. Disponível em: https://archive.mid.ru/en/foreign_policy/news/-/asset_publisher/cKNonkJE02Bw/content/id/2523566. Acesso em: 7 mar. 2023.

STATEMENT of ICC Prosecutor, Karim A.A. Khan QC, on the Situation in Ukraine: "I have decided to proceed with opening an investigation". International Criminal Court. 28 fev. 2022. Disponível em: https://www.icc-cpi.int/news/statement-icc-prosecutor-karim-aa-khan-qc-situation--ukraine-i-have-decided-proceed-opening. Acesso em: 10 mar. 2023.

STATEMENT of ICC Prosecutor, Karim A.A. Khan QC: Contributions and support from States Parties will accelerate action across our investigations. International Criminal Court. 28 mar. 2022. Disponível em: https://www.icc-cpi.int/news/statement-icc-prosecutor-karim-aa-khan-qc-contributions-and-support-states-parties-will. Acesso em: 10 mar. 2023.

STATEMENT of ICC Prosecutor, Karim A.A. Khan, on the Situation in Ukraine: Receipt of Referrals from 39 States Parties and the Opening of an Investigation. International Criminal Court. 2 mar. 2022. Disponível em: https://www.icc-cpi.int/news/statement-icc-prosecutor-karim-aa-khan--qc-situation-ukraine-receipt-referrals-39-states. Acesso em: 7 mar. 2023.

STATEMENT of the Prosecutor, Fatou Bensouda, on the conclusion of the preliminary examination in the situation in Ukraine. Haia: International Criminal Court, 11 dez. 2020. Disponível em: https://www.icc-cpi.int/news/statement-prosecutor-fatou-bensouda-conclusion-preliminary-examination-situation-ukraine. Acesso em: 7 mar. 2023.

STATUS and powers, composition and Regulations of the State Duma: The Federal Assembly of the Russian Federation. The State Duma. Moscou, [s.d.]. Disponível em: http://duma.gov.ru/en/duma/about/. Acesso em: 17 mar. 2023.

STATUS of ratification and implementation. The Global Campaign for Ratification and Implementation of The Kampala Amendments on The Crime of Aggression. 3 fev. 2022. Disponível em: https://crimeofaggression.info/the-role-of-states/status-of-ratification-and-implementation/#_ftn1. Acesso em: 3 mar. 2023.

STEINER, Sylvia Helena de Figueiredo. **10 anos do Tribunal Penal Internacional Sylvia Steiner responde.** Marcos Zilli. Corte IDH, 2012. p. 25/37. Disponível em: https://www.corteidh.or.cr/tablas/r33220.pdf Acesso em: 7 fev. 2023.

STEINER, Sylvia Helena de Figueiredo. **O Tribunal Penal Internacional, a Pena de Prisão Perpétua e a Constituição Brasileira.** O que é o Tribunal Penal Internacional. Comissão de Direitos Humanos da Câmara dos Deputados, fev. 2000. Disponível em: http://www.dhnet.org.br/dados/cartilhas/dh/tpi/cartilha_tpi.htm#A%20PENA%20DE%20PRISÃO. Acesso em: 27 fev. 2023.

STEINER, Sylvia Helena de Figueiredo. Tribunal Penal Internacional. **Enciclopédia jurídica da PUC-SP,** São Paulo, 2017. Disponível em: https://enciclopediajuridica.pucsp.br/verbete/515/edicao-1/tribunal-penal-internacional-. Acesso em: 13 fev. 2023.

STIEL, Michael; STUCKENBERG, Carl-Friedrich. **Commentary on the Law of the International Criminal Court.** Torkel Opsahl Academic EPublisher Bélgica. Mark Klamberg Ed., 2017. p. 60-61 Disponível em: https://www.legal-tools.org/doc/aa0e2b/pdf/. Acesso em: 13 fev. 2023.

SUÍÇA. **CONVENTION FOR THE PREVENTION AND PUNISHMENT OF TERRORISM.** Genebra: Library of Congress, 16 nov. 1937. Disponível em: https://www.loc.gov/resource/gdcwdl.wdl_11579/?sp=1&r=-0.012,0.528,1.408,0.82,0. Acesso em: 8 fev. 2023.

SUNY, Ronald Grigor. Armenian Genocide – Turkish-Armenian history. **Encyclopedia Britanica,** 29 ago. 2022. Disponível em: https://www.britannica.com/event/Armenian-Genocide. Acesso em: 7 fev. 2023.

THE MAIDAN Protest Movement. Britannica. Disponível em: https://www.britannica.com/place/Ukraine/The-Maidan-protest-movement. Acesso em: 6 mar. 2023.

THE STATES Parties to the Rome Statute. International Criminal Court. Haia, [s.d.]. Disponível em: https://asp.icc-cpi.int/states-parties. Acesso em: 3 fev. 2023.

TREATY OF PEACE WITH GERMANY (TREATY OF VERSAILLES). Paris, 10 jan. 1920. p. 59-60. Disponível em: https://www.census.gov/history/pdf/treaty_of_versailles-112018.pdf. Acesso em: 25 mar. 2023.

UCRANIANOS festejam retomada da cidade de Kherson após retirada de tropas russas. **Jornal Nacional e G1**, 12 nov. 2022. Disponível em: https://g1.globo.com/jornal-nacional/noticia/2022/11/12/ucranianos-festejam-retomada-da-cidade-de-kherson-apos-retirada-de-tropas-russas.ghtml. Acesso em: 3 mar. 2023.

UKRAINE accepts ICC jurisdiction over alleged crimes committed since 20 February 2014. 8 set. 2015. Disponível em: https://www.icc-cpi.int/news/ukraine-accepts-icc-jurisdiction-over-alleged-crimes-committed-20-february-2014. Acesso em: 7 mar. 2023.

UKRAINE: "Anyone can die at any time": Indiscriminate attacks by Russian forces in Kharkiv, Ukraine. Amnesty International. 13 jun. 2022. Disponível em: https://www.amnesty.org/en/documents/eur50/5682/2022/en/. Acesso em: 9 mar. 2023.

UKRAINE: Apparent War Crimes in Russia-Controlled Areas. Humans Rights Watch. Varsóvia, 3 abr. 2022. Disponível em: https://www.hrw.org/news/2022/04/03/ukraine-apparent-war-crimes-russia-controlled-areas. Acesso em: 7 mar. 2023.

UKRAINE: civilian casualty update 15 May 2023. United Nations Human Rights. Office of the High Commissioner for Human Rights. 15 maio 2023. Disponível em: https://www.ohchr.org/en/news/2023/05/ukraine-civilian-casualty-update-15-may-2023. Acesso em: 16 maio 2023.

UKRAINE: Executions, Torture During Russia Occupation. Human Rights Watch. Kiev, 18 mar. 2022. Disponível em: https://www.hrw.org/news/2022/05/18/ukraine-executions-torture-during-russian-occupation. Acesso em: 7 mar. 2023.

UMA, Saumya. **State Cooperation and the Challenge to International Criminal Justice.** The Wire. 13 set. 2021. Disponível em: https://thewire.

in/law/state-cooperation-and-the-challenge-to-international-criminal-justice. Acesso em: 9 mar. 2023.

UNDERSTANDING the International Criminal Court. International Criminal Court. Haia, 2020. Disponível em: https://www.icc-cpi.int/sites/default/files/Publications/understanding-the-icc.pdf. Acesso em: 8 fev. 2023.

UNITED Nations Charter, Chapter I: Purposes and Principles. United Nations. São Francisco, 24 out. 1945. Disponível em: https://www.un.org/en/about-us/un-charter. Acesso em: 21 mar. 2023.

UNITED Nations Charter, Chapter VII: Action with Respect to Threats to the Peace, Breaches of the Peace, and Acts of Aggression. United Nations. São Francisco, 24 out. 1945. Disponível em: https://www.un.org/en/about-us/un-charter/chapter-7. Acesso em: 21 mar. 2023.

UNIÃO DAS REPÚBLICAS SOCIALISTAS SOVIÉTICAS. **Constitution (fundamental law) of the Union of Soviet Socialist Republics.** Novosti Press Agency Publishing House, 1977. Disponível em: https://www.marxists.org/history/ussr/government/constitution/1977/constitution-ussr-1977.pdf. Acesso em: 28 fev. 2023.

VAN DIJK, Ziko. **Weimar – die unverstehbare Republik.** L.I.S.A. WISSENSCHAFTPORTAL GERDA HENKEL STIFTUNG. Disponível em: https://lisa.gerda-henkel-stiftung.de/weimar_die_unverstehbare_republik?nav_id=7980. Acesso em: 6 fev. 2023.

VERDICTS. **Memorium nürnberger prozesse museen der stadt nürnberg.** Disponível em: https://museums.nuernberg.de/memorium-nuremberg-trials/the-nuremberg-trials/the-international-military-tribunal/verdicts. Acesso em: 4 mar. 2023.

WHY is Vladimir Putin still in Power? Britannica. 16 fev. 2023. Disponível em: https://www.britannica.com/question/Why-is-Vladimir-Putin-still-in-power. Acesso em: 17 mar. 2023.

XAVIER, Milena Maria Muniz; DEL PINO, Michele. O TRIBUNAL DE TÓQUIO E A IMPUTAÇÃO DE CRIMES EX-POST FACTO NO DIREITO INTERNACIONAL. *In:* **Anais [...]** Congresso Brasileiro De Processo

Coletivo e Cidadania. UNAERP. Ribeirão Preto, 12 de dezembro de 2020, ed. 8, p. 655-668. Disponível em: https://revistas.unaerp.br/cbpcc/article/view/2198. Acesso em: 8 fev. 2023.

ZELENSKY accuses Russia of genocide in Ukraine. **CNN World**, 4 abr. 2022. Disponível em: https://edition.cnn.com/videos/world/2022/04/04/ukraine-russia-zelensky-genocide-bucha-nr-vpx.cnn. Acesso em: 7 mar. 2023.

ZELENSKY meets with International Criminal Court prosecutor in Kyiv. The Kyiv Independent. Kiev, 28 fev. 2023. Disponível em: https://kyivindependent.com/news-feed/zelensky-meets-with-international-criminal-court-prosector-in-kyiv. Acesso em: 9 mar. 2023.

ZIMMERMAN, Dominik; KLAMBERG, Mark. **ICC Commentary:** Part 2. Case Matrix Network, 30 jun. 2016. Disponível em: https://www.casematrixnetwork.org/index.php?id=336#:~:text=Article%2012(1)%20thus%20does,to%20every%20new%20State%20party. Acesso em: 16 fev. 2023.